Angela Pude

Einstiegskurs Dänisch

Herausgegeben von
Hedwig Nosbers und Matthias Öhler

Buch mit Audios online

Hueber Verlag

Bildernachweis:
Coverfoto: © Mathilda – stock.adobe.com
Alle Fotos von Hedwig Nosbers

Die Audio-Dateien finden Sie kostenlos in der *Hueber Media*-App sowie unter: www.hueber.de/audioservice

4. 3. 2. | Die letzten Ziffern bezeichnen
2029 28 27 26 25 | Zahl und Jahr des Druckes.
Alle Drucke dieser Auflage können, da unverändert, nebeneinander benutzt werden.
1. Auflage

Umschlaggestaltung: Sieveking Agentur, München
Layout: Cihan Nawaz, Hueber Verlag, München
Satz: Marc Martin, www.martin-dtp.de, Bonn
Tonträger: www.homefamily.de, Wiesbaden
Redaktion: Dr. Hedwig Nosbers und Matthias Öhler, Bonn
GPSR-Kontakt: Hueber Verlag GmbH & Co. KG, Baubergerstraße 30, 80992 München, kundenservice@hueber.de
Druck und Bindung: Friedrich Pustet GmbH & Co. KG, Gutenbergstraße 8, 93051 Regensburg, technik@pustet.de
Printed in Germany
ISBN 978-3-19-025417-0

Art. 530_30204_001_02

Inhalt

Ein Wort zuvor

Dänemark – einsame Sandstrände, beschauliche Städte und malerische Häfen ... Tatsächlich wird man schnell zum Dänemarkfan, auch wegen der gemütlichen und entspannten Lebensart der Dänen. Doch nicht nur als Reiseziel ist das Land attraktiv, auch aus beruflichen Gründen wird Dänemark immer interessanter: Ob man ans Auswandern denkt oder dänische Handelspartner hat, Dänemark liegt voll im Trend.

Doch muss man wirklich Dänisch lernen? Verbreitet ist der Irrtum, dass die meisten Dänen Deutsch sprechen: Mit Ausnahme von Südjütland, wo es eine deutsche Minderheit gibt oder in den Touristenzentren an der Nordseeküste kommt man mit Deutsch nicht sehr weit. Viele Dänen sprechen nicht gern Deutsch, ein paar Brocken Dänisch hingegen imponieren, öffnen zahlreiche Türen und können wahre Begeisterungsstürme auslösen – es lohnt sich also!

Sandra Stein, eine junge Ärztin, die Dänemark schon in ihren Kindertagen kennen und lieben gelernt hat, bewirbt sich als Assistenzärztin in *Sønderborg*. Vor dem Vorstellungsgespräch möchte sie einen kurzen Urlaub dazu nutzen, ihre etwas eingerosteten Dänischkenntnisse wieder aufzufrischen. Das ist die beste Gelegenheit einige ihrer alten Freunde wieder zu treffen. Machen Sie sich mit ihr auf die Reise!

Viel Spaß! oderr wie man auf Dänisch sagt: *God fornøjelse!*

Angela Pude

G Gebrauchsanweisung

Konzipiert wurde dieser Kurs als Selbstlernkurs. Wer allein arbeitet, findet all die Hinweise und Kommentare, mit denen Lehrer und Lehrerinnen normalerweise ihren Unterricht gestalten würden, in der farblich abgesetzten Randspalte – von Erläuterungen zu den einzelnen Übungen über grammatische Regeln bis hin zu griffigen Eselsbrücken.

Die deutsche Übersetzung der Dialoge orientiert sich an den dänischen Strukturen. So wird vieles für den Lerner leichter nachvollziehbar.

Sie finden in diesem Buch 20 Lektionen. Jeweils vier sind zu einem Kapitel zusammengefasst. Kapitel 1 dreht sich um Kennenlernen, Begrüßen und Bestellen. Die nachfolgenden Kapitel behandeln dann die Themen Unternehmungen, Unterwegssein, Essen, Einkaufen, Familie, Gesundheit sowie schließlich Plaudern und Abschied. Alle Lektionen sind gleich aufgebaut. Sie finden sich also immer sofort zurecht.

- Der Einführungstext: Auf der ersten Seite jeder Lektion beschreibt ein deutscher Einführungstext, was Sandra Stein in Dänemark erlebt und worum es in den beiden Dialogen der Lektion gehen wird.
- Neue Wörter und Dialog A: Auf Seite 2 wird's ernst. Zuerst werden alle neuen Vokabeln der Reihe nach vorgestellt, dann folgt der Dialog: ein kurzes Gespräch zwischen Sandra und einem der vielen Dänen, die ihr auf der Reise begegnen. Dies alles finden Sie auch in den Audios, die als kostenloser MP3-Download unter **www.hueber.de/audioservice** erhältlich sind oder als kostenlose App für Smartphone und Tablet abgerufen werden können. Trauen Sie sich, sprechen Sie halblaut mit, so prägt sich manches besser ein.
- Übungen: Auf der dritten Seite finden Sie Übungen zum Trainieren von Wortschatz, Grammatik, Aussprache und Kommunikation. Mindestens eine Übung pro Lektion findet sich auch in den Audios. Diese Nachsprech- und Ausspracheübungen sind gerade im Dänischen sehr wichtig, denn die feinen Lautunterschiede können nur mit viel Training vom Gehör wahrgenommen werden. Wiederholen Sie daher diese Übungen immer mal wieder – das hilft beim Verstehen und Verstanden werden. Wenn Sie bei der einen oder anderen Übung nicht weiter wissen, können Sie im Schlüssel am Buchende nachschauen.
- Für den zweiten Teil der Lektion (Dialog B und nachfolgende Übungen) gilt das Gleiche.
- Der Lesetext: Dieser Text am Ende jeder Lektion ist die Belohnung für fleißiges Lernen. Hier finden Sie Informationen über das Leben in Dänemark. Je mehr Sie von der Landeskunde und nationalen Besonderheiten verstehen, um so leichter fällt es Ihnen auch, mit der Sprache vertraut zu werden.

Was Sie sonst noch erwartet

- Tipps auf fast jeder Dialogseite bringen interessante Zusatzinformationen: Mal geht es um Besonderheiten bei der Aussprache, Mal um Lernstrategien oder Hintergründe. Viele Tipps können Sie auch in den Audios hören – nutzen Sie diesen Service!

- Nach jeder Lerneinheit (nach Lektion 4, 8, 12, 16, und 20) kommt ein kleiner Test, den Sie hoffentlich mit Bravour meistern. Wer schummeln möchte – nur zu: Den Schlüssel finden Sie im Anhang. Besagter Schlüssel hält neben Antworten zu den Tests auch alle Lösungen zum Übungsteil und einige interessante Informationen bereit.
- Ein kurzer Grammatiküberblick fasst das Gelernte zusammen: Das haben Sie gelernt und das sollten Sie auch beherrschen. Listen und tabellarische Übersichten verdeutlichen und fassen zusammen – so fällt es leicht, schnell Antworten zu finden.
- Die Wörterliste beinhaltet alle dänische Wörter, die in diesem Buch vorkommen. Wenn Sie alle Dialoge durchgearbeitet haben, können Sie nun alle Wörter sowohl richtig benutzen als auch verstehen.

Die Hörtexte

Die Hörtexte schulen Ihr Hörverständnis und sensibilisieren Ihr Ohr für die richtige Aussprache. Das ist bei Dänisch besonders wichtig, da viele Buchstaben verschluckt und/oder zusammengezogen werden. Auch werden Buchstaben unterschiedlich ausgesprochen und gleiche Laute durch verschiedene Buchstaben wiedergegeben. Aber keine Sorge: Mit ein bisschen Übung werden Sie die Dänen verstehen und auch selbst verstanden werden. Für das Hören der Audios schlagen wir vor:

- Erstes Anhören bei geöffnetem Buch. Auf die Aussprache achten: Wie hängen Schriftbild und Aussprache zusammen? Versuchen Sie sich die Bedeutung einzuprägen. Zur Not ein paar Mal hintereinander reinhören. Nach jedem Wort lassen wir eine kleine Pause, die Ihnen Zeit zum Nachsprechen gibt. Gewöhnen Sie sich frühzeitig an Ihre Stimme in der Fremdsprache.
- Der Dialog A sollte, nachdem Sie die Wörter geübt haben, keine großen Schwierigkeiten mehr bereiten. Alle neuen Wörter lernen Sie jetzt im Kontext kennen. Achten Sie auf die Satzmelodie und Intonation. Äffen Sie guten Gewissens nach, was die Sprecher Ihnen vormachen. Ein bisschen Übertreibung schadet dabei auf keinen Fall.
- Mindestens eine Übung pro Lektion findet sich auch in den Audios. Legen sie das Buch mal aus der Hand, verlassen Sie sich auf Ihr Gehör. Ein kurzer Gong sagt Ihnen, wann Sie mit Sprechen an der Reihe sind. Die Lösung folgt dann im Anschluss.

Alle Vokabellisten, Dialoge und Übungen, die Sie sich in den Audios anhören können, sind mit diesem Piktogramm versehen:

▶ 1/1

Die erste Ziffer steht für Teil 1 (Lektionen 1-10) bzw. Teil 2 (Lektionen 11-20) des Sprachkurses, die zweite für die Tracknummer, unter der der entsprechende Hörtext zu finden ist.

1

Zungenbrecher

Wienerbrød ist ein leckeres dänisches Plunder- bzw. Blätterteiggebäck.

Dänische Städte ▶ **1/2**
(in Klammern steht, wie man's spricht)

*Køben**havn***: Kopenhagen
(*ø* = **ö** wie st**ö**bern;
av = **au** wie k**au**fen)

*Holb**æ**k*
(*æ* = **e** wie B**e**tt)

Å**lbo**rg
(*å* = **o** zwischen **O**ber und **o**b;
rg = **r**)

*N**y**købing*
(*y* = **ü** wie **ü**ber)

*Roski**ld**e*
(*ld* = **l**)

*K**a**lu**nd**borg*
(*a* = **ä** zwischen K**ä**se und K**ä**mme;
nd = **n**)

***S**ønderborg*
(*s* = **ss** wie Wa**ss**er)

Großartig! Der *Femer Bælt* (Fehmarn Belt) bei Sonnenschein. Sandra Stein genießt die Fährfahrt auf dem Weg nach *København* (Kopenhagen). Alter Tradition folgend möchte sie Dänemark mit einer Tasse Kaffee und einem *wienerbrød* (Blätterteiggebäck) begrüßen. Die Sitzplatzsuche an Deck ist jedoch nicht ganz einfach, denn bei diesem wunderbaren Wetter zieht es viele Mitreisende an die frische Luft. *Undskyld!* (Entschuldigung!), spricht sie eine junge Frau an: *Er den her stol ledig?* (Ist dieser Stuhl frei?). Der erste Test ihrer Dänischkenntnisse hat schon mal prima geklappt!
Die freundliche Dänin lobt Sandra in den höchsten Tönen: *Du taler vel nok godt dansk* (Du sprichst aber gut Dänisch). Sandra bedankt sich etwas verlegen: *Tak skal du have!* (Vielen Dank!). Locker geht das Gespräch weiter: *Hvad hedder du?* (Wie heißt du?), fragt die Dänin, *jeg hedder Lone* (ich heiße Lone). Bald schon fachsimpeln die beiden über die Eigenarten der dänischen und der deutschen Aussprache. Mit Zungenbrechern vertreiben sie sich die Zeit der Überfahrt. Sandra meistert *Rød grød med fløde* (Rote Grütze mit Sahne) schon ganz gut, während Lone bei den „tschechischen Zwetschgen" passen muss. Kurz vor der Ankunft in *Rødby* macht sich Sandra wieder auf den Weg zum Zug, der mit dem riesigen Fährschiff übers Wasser transportiert wird. Lone bedankt sich für die unterhaltsame Überfahrt, und Sandra antwortet souverän mit dem obligatorischen *Selv tak!* (Danke gleichfalls!).

Undskyld!

1 A

▶ 1/3

undskyld	Entschuldigung
ja	ja
er	ist
den her	dieser
stol	Stuhl
ledig	frei
det	das; er, sie, es (Dinge)
den	er, sie, es (Dinge)
tak	danke
Selv tak!	Nichts zu danken!

■ Undskyld!	Entschuldigung!
● Ja?	Ja?
■ Er den her stol ledig?	Ist dieser Stuhl frei?
● Ja, det er den.	Ja, das ist er.
■ Tak!	Danke!
■ Selv tak!	Nichts zu danken!

Aussprache

Konsonant *d*
1. ***den***: am Wort- und Silbenanfang **wie im Deutschen**
2. ***undskyld***: nach *n, l, r* **stumm**
3. *ledig*: nach Vokalen ähnlich wie das **englische th** (so genanntes weiches *d*)

Konsonant *s*
Immer **stimmlos** wie in Wa**ss**er

Verschluckt!
Im Dänischen sind viele Buchstaben stumm. Leider gibt es hierzu so viele Regeln, dass es hilfreicher ist, sich die Aussprache der Wörter in eckigen Klammern zu notieren:
Ålborg [Ålbor]
ledig [ledii]
undskyld [unnskühl]
selv [sell]
det [dee]

Selv tak!
(wörtl.: selber danke)
1. Nichts zu danken!
2. Danke gleichfalls!

Groß oder klein? Fast alles wird klein geschrieben, Ausnahmen:
1. Namen
2. die Pronomen *De* (Sie) und *I* (ihr)
3. Satzanfang

▶ 1/4 Die Betonung liegt fast immer auf der ersten Silbe: *undskyld, ledig, Ålborg, Nykøbing, Roskilde, Sønderborg*

Übungen

Kennen Sie diese dänischen Städte? Achten Sie beim Nachsprechen vor allem auf die Markierungen und denken Sie an das stimmlose *s*! Ach ja, welche Silbe wird meistens betont?

1. Sprechen Sie einfach nach

▶ 1/5

1. K**ø**benh**av**n
2. Roskil**d**e
3. K**a**lun**d**bor**g**
4. N**y**bor**g**
5. F**å**bor**g**
6. Heln**æ**s
7. S**øn**derbor**g**
8. **Å**lbor**g**
9. Esbjer**g**
10. Holb**æ**k

Nur eine Antwort macht Sinn. Sie wissen bestimmt, ob es a oder b ist. Anderenfalls finden Sie Hilfe im Dialog auf Seite 8.

2. Welche Erwiderung passt?

1. Undskyld.
   a ☐ Selv tak!
   b ☐ Ja?
2. Tak!
   a ☐ Selv tak!
   b ☐ Ja?
3. Er den her stol ledig?
   a ☐ Ja, det er den.
   b ☐ Selv tak!

Oh nein! Die Buchstaben sind durcheinander geraten. Was verbirgt sich hinter dem Chaos?

3. Buchstabensalat

1. syndukld ____________________.
2. vles akt ____________________.
3. dlieg ____________________.
4. lost ____________________.
5. Kbeøvannh ____________________.

Bei Problemen hilft der Dialog auf Seite 8 oder der Lösungsschlüssel.

4. Welche Übersetzung passt?

1. Selv tak!
2. Undskyld!
3. Ja?
4. Tak!
5. Er den her stol ledig?

a ☐ Ja?
b ☐ Entschuldigung!
c ☐ Ist dieser Stuhl frei?
d ☐ Nichts zu danken!
e ☐ Danke!

Eines der Hauptprobleme für Dänischlernende: die verschluckten Buchstaben. Hören Sie einfach zu und unterstreichen Sie die stummen Buchstaben.

5. Schweigen ist Gold

▶ 1/6

1. selv
2. det
3. undskyld
4. Roskilde
5. Svendborg
6. Søren
7. Esbjerg
8. Skagen
9. ledig
10. Nyborg

Hvad hedder du?

1/7

du	du
tale	sprechen
vel nok	aber (verstärkend)
godt	gut
dansk	Dänisch
Tak skal du have!	Vielen Dank!
hvad	was
hedde	heißen
jeg	ich
med	mit
dig	dir, dich
Hvad med dig?	Und du?

● Du taler vel nok godt dansk. — Du sprichst aber gut Dänisch.

■ Tak skal du have! — Vielen Dank!

● Selv tak! — Nichts zu danken!
Hvad hedder du? — Wie heißt du?

■ Jeg hedder Sandra. — Ich heiße Sandra.
Hvad med dig? — Und du?

● Jeg hedder Lone. — Ich heiße Lone.

Vokal *a*
1. langes *a*: immer wie **ä** zwischen Käse und Kämme: *tale*
2. kurzes *a*: vor und nach *r*, sowie vor *k*, *m* und *ng* wie deutsches **a** in „**hat**": *tak*

Personalpronomen
jeg (ich)
du/De (du/Sie)
han/hun (er/sie)
vi (wir)
I (ihr) (Achtung: großes *I*)
de (sie)

Infinitiv
endet auf ***-e:***
*tal**e*** (sprechen)
*hedd**e*** (heißen)

Präsens
Infinitiv + *-r:*
*jeg hedde**r***
*du/De hedde**r***
*han/hun hedde**r***
*vi hedde**r***
*I hedde**r***
*de hedde**r***

Tak skal du have!
Immer wenn *tak* (Danke) zu kurz erscheint (wörtl.: Dank sollst du haben!).

***Hvad** hedder du?*
(wörtl.: **Was** heißt du? = Wie heißt Du?)

Hvad med dig?
(wörtl.: Was mit dir? = Und du?)

Anrede: In Dänemark wird üblicherweise geduzt: *du* (du). In manchen Hotels und Restaurants bevorzugt man aber *De* (Sie).

Übungen

Eine echte Herausforderung, das weiche *d* in *hedder*, klingt aber trotz des Doppelkonsonanten genau wie in *ledig*. Schlüpfen Sie zum Üben in die Rolle berühmter Dänen. Ein Blick in den Lösungsschlüssel lohnt sich.

1. Ich heiße ...

1/8

Jeg hedder *Karen Blixen*.

1. Karen Blixen
2. Peter Høeg
3. Jørn Utzon
4. H.C. Ørsted
5. Lars von Trier
6. H.C. Andersen
7. Poul Henningsen
8. Ole Kirk Christiansen
9. Michael Laudrup
10. Søren Kierkegaard

Diese Einsetzübung ist bestimmt kein Problem für Sie. Im Zweifelsfall hilft Zurückblättern oder der Lösungsschlüssel.

2. Lückenfüller

hedder – hvad – med – skal – taler

1. ________ hedder du?
2. Jeg ________ Lise.
3. Hvad ________ dig?
4. Du ________ vel nok godt dansk.
5. Tak ________ du have.

Erinnern Sie sich noch an die Personalpronomen? Zu schwierig? Dann finden Sie Hilfe auf Seite 11. Und was heißt wohl *og*?

3. Nur eine Antwort passt

1. Hvad hedder han?
   a ☐ Hun hedder Cecilie.
   b ☐ Han hedder Klaus.
2. Hvad hedder I?
   a ☐ Vi hedder Bo og Bodil.
   b ☐ De hedder Jesper og Karen.
3. Hvad hedder hun?
   a ☐ Jeg hedder Torben.
   b ☐ Hun hedder Lise.
4. Hvad hedder de?
   a ☐ Vi hedder Dorte og Leif.
   b ☐ De hedder Per og Lone.

Achten Sie bei dieser Nachsprechübung vor allem auf das lange und das kurze *a*. Und vergleichen Sie ruhig noch mal die Aussprachetipps auf Seite 11.

4. a oder ä?

1/9

1. hv**a**d
2. t**a**k
3. j**a**
4. K**a**ren
5. d**a**nsk
6. H**a**mborg
7. h**a**ve
8. R**a**nders
9. t**a**le
10. D**a**nm**a**rk

Aller Anfang ist schwer

1

Zugegeben – die dänische Aussprache kann einen anfangs schon zur Verzweiflung bringen! Aber das Üben lohnt sich! Schon mit dem Versuch, als Ausländer Dänisch zu sprechen, erntet man spontanes Lob, und gleichzeitig öffnen sich viele Türen. Also nur nicht aufgeben! Mit etwas Training lässt sich sogar der Zungenbrecher *Rød grød med fløde* (Rote Grütze mit Sahne) flüssig über die Lippen bringen – und das auch ohne die sprichwörtliche heiße Kartoffel im Mund.

Um so leichter ist die Grammatik. Und im Wortschatz finden sich zahlreiche internationale – nicht zuletzt deutsche – Begriffe. So brachten im Mittelalter Handwerker und Händler plattdeutsche Wörter ins Dänische ein. Seither nennt man den Bürgermeister *borgmester*, den Schlachter *slagter*, den Koch *kok* und Arbeit *arbejde*. Mit Begriffen wie *kartofler*, *slank*, *billig*, *rigtig*, *chance* und *kusine* beeinflussten das Hochdeutsche und das Französische die dänische Sprache bis weit ins 19. Jahrhundert. Englische Lehnwörter gab es vor 1870 kaum, doch aus dem heutigen Dänisch sind sie nicht mehr wegzudenken. Hiervon zeugen unzählige Beispiele aus den Bereichen des Sports (*basketball*, *bowling*), der Musik (*rock*, *pop*), der Geschäftswelt (*knowhow*, *publicity*) und des Essens (*juice*, *burger*, *sandwich*).

Also nur Mut! Hat man sich an die Aussprache gewöhnt, ist die größte Hürde schon genommen. Dänisch ist wegen der vielen Parallelen zum Deutschen und Englischen nicht besonders schwer.

Dänisch gehört zu den skandinavischen Sprachen. Norweger, Schweden und Dänen können einander verstehen, wenn sie sich untereinander in ihrer jeweiligen Muttersprache unterhalten. In der Regel funktioniert das ganz gut, erfordert allerdings wegen der unterschiedlichen Aussprache etwas guten Willen auf beiden Seiten und eine gewisse Eingewöhnung. Die schriftliche Kommunikation hingegen klappt wegen des ähnlichen Wortschatzes einwandfrei.

2

Willkommen!

Grußformeln 1/10

Formell
god morgen: Guten Morgen (nur bis ca. 9:00 Uhr)
goddag: Guten Tag
god aften: Guten Abend (ab ca. 19:00 Uhr)
farvel: Auf Wiedersehen

Informell
hej: hallo (auch tschüss)
dav: Tag, hallo
hej-hej: tschüss

Regionale Unterschiede
In Jütland hört man eher *dav* und in Kopenhagen *hej*. Es gibt regionale Besonderheiten, wie zum Beispiel in Südjütland das zu jeder Tageszeit verwendete *moin*.

Obwohl Sandra schon oft in Dänemark Urlaub gemacht hat und auch viele Menschen kennt, war sie noch nie in *København*. Doch nun hat sie demnächst ein Vorstellungsgespräch als Assistenzärztin im Krankenhaus in *Sønderborg* und beschlossen, dies mit einem kleinen Urlaub zu verbinden. So kann sie vorher ihre etwas eingerosteten Dänischkenntnisse auffrischen. Neben der Stippvisite in Kopenhagen steht noch der Besuch ihrer Freundin Lene in *Århus* auf dem Programm.

Eigentlich kennt Sandra niemanden in Kopenhagen, doch sie hat Glück. Ihr Aufenthalt überschneidet sich mit dem ihres alten dänischen Freundes Bo, der dort gerade seine Schwester besucht und sich spontan als persönlicher Fremdenführer angeboten hat.

Hej Sandra! (Hallo Sandra!), ruft Bo, als Sandra aus dem Zug aussteigt. Freudig begrüßt er sie: *Velkommen til København!* (Willkommen in Kopenhagen!). Auch Sandra freut sich riesig, Bo wiederzusehen: *Hvordan går det med dig?* (Wie geht's dir?). *Tak, det går fint.* (Danke, es geht prima), strahlt er. Plaudernd machen sie sich auf den Weg ins Hotel.

An der Rezeption fragt die Hotelangestellte: *Hvad hedder De?* (Wie heißen Sie?). Sandra antwortet auf diese formelle Frage: *Mit navn er Sandra Stein* (Mein Name ist Sandra Stein). Nach einem kurzen Blick in den Computer heißt es: *De har værelse nummer syv* (Sie haben Zimmer Nummer sieben). Sandra bekommt den Schlüssel ausgehändigt: *Her er nøglen. Værsgo* (Hier ist der Schlüssel. Bitte schön). Bo schnappt sich den Koffer und los geht's.

Hej! Hvordan går det?

2 A

1/11

hej	hallo
velkommen til	willkommen in
hvordan	wie
gå	gehen
fint	prima
også	auch
hvor	wo, hier: wie
dejligt	schön
at (mit Infinitiv)	zu (mit Infinitiv)
se	sehen
igen	wieder
synes	finden, meinen

● Hej Sandra!	Hallo Sandra!
■ Hej Bo!	Hallo Bo!
● Velkommen til København!	Willkommen in Kopenhagen!
■ Tak skal du have! Hvordan går det med dig?	Vielen Dank! Wie geht's dir?
● Tak, det går fint. Hvad med dig?	Danke, es geht prima. Und dir?
■ Det går også fint. Hvor er det dejligt at se dig igen!	Es geht auch prima. Wie schön dich wiederzusehen!
● Ja, det synes jeg også.	Ja, das finde ich auch.

2 Mal „wie geht's?"
1. *Hvordan går det med dig?* (wörtl.: Wie geht's mit dir?)
2. *Hvordan har du det?* (wörtl.: Wie hast du es?)

Antwort: *Jeg har det fint* (wörtl.: Ich habe es prima)

Personalpronomen nach Präpositionen
mig (mir, mich)
dig/Dem (dir, dich/Ihnen, Sie)
ham (ihm, ihn)
hende (ihr, sie)
os (uns)
jer (euch)
dem (ihnen, sie)

hvor zur Verstärkung:
Hvor *er det dejligt* ... (**Wie** schön ..., wörtl.: **Wo** ist es schön ...)

Eigene Meinung
jeg synes (ich finde, ich meine)

1/12 Bei der Endung *-ig* ist das *g* immer stumm: *ledig* (frei). Wenn es sich nicht um eine Endung handelt, wird *-ig* häufig zu einem Diphthong: *dig* (dir, dich), *mig* (mir, mich).

2 A

Übungen

Noch einmal die stummen Buchstaben. Hören und unterstreichen Sie beim Nachsprechen die „stummen" Buchstaben.

1. Immer schön sparsam!

▶ 1/13

1. undskyld
2. dejligt
3. ledig
4. hvad
5. hvor
6. hvordan
7. have
8. selv
9. det
10. synes

Wie war das noch mit den Gruß- und Abschiedsformeln? Im Zweifel hilft ein Blick zurück.

2. Was passt zusammen?

1. goddag
2. hej-hej
3. god aften
4. hej
5. farvel

a ☐ tschüss
b ☐ Guten Abend
c ☐ Guten Tag
d ☐ Auf Wiedersehen
e ☐ hallo

Es passt jeweils nur eine Antwort. Sie wissen bestimmt, welche, oder? Zur Not finden Sie Hilfe auf Seite 15.

3. Qual der Wahl

1. Hvad hedder du?
   a ☐ Tak, fint.
   b ☐ Jeg hedder Sandra.
2. Hvordan går det?
   a ☐ Tak skal du have.
   b ☐ Tak, det går fint.
3. Hej Bo.
   a ☐ Hej.
   b ☐ Farvel.
4. Hvor er det dejligt at se dig!
   a ☐ Det synes jeg også.
   b ☐ Selv tak.

In welcher Reihenfolge ergeben die Wörter einen sinnvollen Satz? Gar nicht so schwer, oder?

4. Wörter über Wörter

1. til – København – velkommen
2. med – hvordan – det – går – dig ?
3. går – tak – fint – det
4. dejligt – hvor – se – er – dig – det – at – igen
5. også – ja – det – jeg – synes

Oh je – die Personalpronomen nach Präpositionen! Machen Sie sich vor der Übung ruhig noch mal auf Seite 15 schlau.

5. Wie geht's hier wem?

1. Hvordan går det med ________________? (euch)
2. Hvordan går det med ________________? (ihm)
3. Hvordan går det med ________________? (ihr)
4. Hvordan går det med ________________? (ihnen)
5. Hvordan går det med ________________? (Ihnen)

Værsgo

1/14

goddag	Guten Tag
jeg har reserveret	ich habe reserviert
have	haben
et værelse (værelset)	ein Zimmer (das Zimmer)
mit	mein
et navn (navnet)	ein Name (der Name)
her	hier
et enkeltværelse	ein Einzelzimmer
et nummer (numret)	eine Nummer (die Nummer)
syv	sieben
en nøgle (nøglen)	ein Schlüssel (der Schlüssel)
værsgo	bitte schön

■ Goddag!	Guten Tag!
● Goddag!	Guten Tag!
■ Jeg har reserveret et værelse.	Ich habe ein Zimmer reserviert.
● Ja. Hvad hedder De?	Ja. Wie heißen Sie?
■ Mit navn er Sandra Stein.	Mein Name ist Sandra Stein.
● Ja, her er et enkeltværelse reserveret.	Ja, hier ist ein Einzelzimmer reserviert.
■ Fint.	Prima.
● De har værelse nummer syv. Her er nøglen. Værsgo.	Sie haben Zimmer Nummer sieben. Hier ist der Schlüssel. Bitte schön.
■ Tak!	Danke.

Unregelmäßige Verben (s. S. 155 f.):
Infinitiv: ***have*** (haben)
Präsens: ***har*** (hat etc.)

Substantive
Es gibt nur zwei Geschlechter, die durch die **unbestimmten Artikel *en*** und ***et*** unterschieden werden:
1. *en*-Wörter (gemeinsames Geschlecht, ca. 75 % aller Substantive):
***en** stol* (**ein** Stuhl)
2. *et*-Wörter (sächliches Geschlecht):
***et** navn* (**ein** Name)

Substantive bestimmte Form: unbestimmter Artikel wird angehängt:
***en** stol* (ein Stuhl)
→ *stol**en*** (**der** Stuhl)
***en** nøgle* (ein Schlüssel)
→ *nøgle**n*** (**der** Schlüssel)
***et** navn* (ein Name)
→ *navn**et*** (**der** Name)
***et** værelse* (ein Zimmer)
→ *værelse**t*** (**das** Zimmer)

Zahlen 0–10 1/16
0: *nul*
1: *en/et*
2: *to*
3: *tre*
4: *fire*
5: *fem*
6: *seks*
7: *syv*
8: *otte*
9: *ni*
10: *ti*

værsgo (bitte schön) Nur, wenn man etwas überreicht!

1/15 Die Endung *-et* wird mit weichem *d* gesprochen: *reserve**ret*** (reserviert), *navn**et*** (der Name), *værelse**t*** (das Zimmer)

2 B

Übungen

Sprechen Sie nach. Das weiche *d* klappt doch bestimmt auch ohne die heiße Kartoffel, oder? Und nicht vergessen: Auch die Endung *-et* wird weich gesprochen.

1. Ganz anders

1/17

1. he**dd**er
2. reservere**t**
3. go**d**dag
4. navne**t**
5. le**d**ig
6. værelse**t**
7. wienerbrø**d**
8. **d**et
9. Ha**d**erslev
10. **d**ansk

Nicht ganz unwichtig, wenn Sie im richtigen Hotelzimmer landen möchten. Setzen Sie bitte die Zimmernummern ein.
Zur Zahl 1: Beim Zählen immer *en*, sonst *en* oder *et*, je nach Geschlecht des Substantivs.

2. Welche Zimmernummer?

1/18

*De har værelse nummer **et**.*

1. et
2. to
3. tre
4. fire
5. fem
6. seks
7. syv
8. otte
9. ni
10. ti

Sie haben bestimmt eine passende Reaktion parat, oder? Notieren Sie Ihre Antworten.

3. Schlagfertig

1. Goddag!
2. Hvad hedder De?
3. Her er nøglen. Værsgo.
4. Velkommen til København!
5. Hvordan går det?

Bei den bestimmten Artikeln müssen Sie umdenken. Sie nehmen die unbestimmten Artikel und ... Na, wo kommen *en* oder *et* hin?
(Tipp: bei Endungen auf *-e* nur + *-n/-t*)

4. Der, die oder das?

1. en nøgle – nøgle___
2. et værelse – værelse___
3. et navn – navn___
4. en stol – stol___
5. et enkeltværelse – enkeltværelse___

Dem Hotelaufenthalt in Dänemark steht jetzt nichts mehr im Wege.
Bei 2. setzen Sie bitte Ihren Namen ein.

5. Übersetzen Sie!

1. Wie heißen Sie?
2. Mein Name ist ...
3. Sie haben Zimmer Nr. 8. Hier ist der Schlüssel.
4. Danke.
5. Bitte schön.

Immer per du?

„Gesiezt wird in Dänemark nur die Königin“ hört man aus dem Munde vieler Dänen. Und tatsächlich ist in Dänemark der Umgangston lockerer als in Deutschland. Am Arbeitsplatz, an der Uni und in der Schule werden Kollegen, Vorgesetzte, Professoren sowie Lehrer geduzt. Und kein Däne käme auf die Idee, einen Polizisten oder Minister zu siezen. Immer nach dem Motto: Alle verdienen den gleichen Respekt.
Der Wechsel vom *De* zum *du* kam mit der Studentenbewegung der 1960er-Jahre. Das informelle *du* hat sich damals schnell in breiten Teilen der Bevölkerung durchgesetzt, da die Dänen damit an demokratische Traditionen anknüpften. Die meisten Dänen empfinden die informelle Anrede als höflich, offen und zuvorkommend.
Doch von jeder Regel gibt es bekanntlich Ausnahmen: So bevorzugen ältere Leute zuweilen das *De*. Und in letzter Zeit lässt sich wieder ein zunehmender Trend zum *De* beobachten. Mitarbeiter in manchen Hotels, Restaurants und Geschäften werden angehalten, die Gäste bzw. Kunden zu siezen.
Erschwert wird die Wahl der richtigen Anrede zudem dadurch, dass viele Dänen die Bedeutung des Siezens in Deutschland kennen, und ein übertrieben schnelles *du* dann unpassend wirken kann.
Tja, und womit liegt man nun richtig? Im Zweifelsfall: Abwarten, wie man selber angesprochen wird und entsprechend mit *De* oder *du* antworten.

Anrede und Titel
Für die Anreden „Herr“ und „Frau“ gibt es zwar dänische Entsprechungen (*hr.*, *fru*), die aber kaum verwendet werden.

Auch auf Titel legt man in Dänemark wenig Wert. In Dänemark gilt, dass man sich den Respekt auch bei neuen geschäftlichen Beziehungen erst erarbeiten muss und daher nicht mit Titeln als Ausdruck für frühere Errungenschaften prahlen sollte.

3

Kleine Meerjungfrau

Den Lille Havfrue

„Die kleine Meerjungfrau" ist die wohl kleinste aber auch meistfotografierte Sehenswürdigkeit Kopenhagens. Die Skulptur des Bildhauers Edvard Eriksen aus dem Jahr 1913 wurde von Carl Jakobsen (Bierbrauer und Kunstmäzen) nach dem gleichnamigen Märchen von H.C. Andersen in Auftrag gegeben.

Sandra ist nach der Reise überhaupt nicht müde, sondern unternehmungslustig und schlägt Bo einen Stadtrundgang vor. Sie möchte zuerst das Wahrzeichen Kopenhagens sehen, *Den Lille Havfrue* („Die kleine Meerjungfrau"). Zunächst geht's durch die Haupteinkaufsstraße *Strøget*. Kopenhagen zeigt sich von seiner besten Seite. Die Menschen in den zahlreichen Straßencafés genießen gut gelaunt die Sonnenstrahlen, und Sandra ist begeistert von der freundlichen und offenen Atmosphäre.
Unterwegs bewundert Sandra *Det Kongelige Teater* (das Königliche Theater): *Det er smukt* (Es ist schön). Auch am Wohnsitz der königlichen Familie, dem Schloss Amalienburg, kommen sie vorbei. Doch die *Dannebrog* (dänische Fahne) ist nicht gehisst, also hält sich die *Dronning* (Königin) zur Zeit nicht in Kopenhagen auf. Schlendernd erreichen sie den Stein, auf dem die kleine Meerjungfrau sitzt. Überrascht ruft Sandra: *Hvor er den lille!* (Wie klein sie ist!). Die hatte sie sich viel größer vorgestellt, findet aber, dass sie ganz gut zur eher gemütlich anmutenden dänischen Hauptstadt passt.
Plötzlich meldet sich bei Sandra Hunger. Bo empfiehlt ein Café in maritimer Umgebung am Kanal in *Christanshavn* und fragt: *Skal vi gå derhen?* (Sollen wir dahin gehen?). Doch Sandra ist mittlerweile *lidt træt* (etwas müde). Sie möchte lieber den Bus nehmen: *Så kan jeg kigge på København* (Dann kann ich mir Kopenhagen anschauen). Also auf geht's!

Hvor er den lille!

3 A

1/19

Det Kongelige Teater	das Königliche Theater
smukt	schön, hübsch
og	und
Amalienborg Slot	Schloss Amalienburg
bo	wohnen
en dronning	eine Königin
om vinteren	im Winter
der	dort
sidde	sitzen
Den Lille Havfrue	die kleine Meerjungfrau
lille	klein

■ Hvad er det?	Was ist das?
● Det er Det Kongelige Teater. Hvad synes du om det?	Das ist das Königliche Theater. Wie findest du es?
■ Det er smukt.	Es ist schön.
● Og det er Amalienborg Slot.	Und das ist das Schloss Amalienburg.
■ Bor Dronningen her?	Wohnt die Königin hier?
● Ja, om vinteren.	Ja, im Winter.
■ Også smukt.	Auch schön.
● Og der sidder Den Lille Havfrue.	Und dort **sitzt** die kleine Meerjungfrau.
■ Hvor er den lille!	Wie klein sie ist!

***synes* + *om* + Substantiv**
(etwas finden):
Hvad synes du om slottet?
(Wie findest du das Schloss?)

Personalpronomen
3. Person Singular für Dinge:
1. *den* (er, sie, es) bei ***en*-**Wörtern: ***en** stol* → ***den** er lille* (ein Stuhl → **er** ist klein)
2. *det* (er, sie, es) bei ***et*-**Wörtern: ***et** teater* (ein Theater)
→ ***det** er smukt* (**es** ist schön)

3 Mal *det*
1. Personalpronomen
er, sie, es
2. vorangestellter bestimmter Artikel **der, die, das** (nur mit attributiven Adjektiven!): ***Det** Kongelige Teater* (**das** Königliche Theater)
3. Sätze mit ***Det** er*… (**Das** ist …) und wenn auf den vorhergehenden Satz verwiesen wird: *Ja, **det** er den* (Ja, **das** ist er)

Sonderformen bestimmte Substantive
et slot (ein Schloss)
→ *slot**tet*** (**das** Schloss)
et teater (ein Theater)
→ *teat**ret*** (**das** Theater)
en havfrue (eine Meerjungfrau) → *havfrue**n*** (**die** Meerjungfrau)

1/20 Im Dänischen werden viele Wörter zusammengezogen: *det er* (das ist) wird wie „deee“ gesprochen: *Det er smukt* (Es ist schön). Und *Hvad er* (was ist) wird wie „väää“ gesprochen: *Hvad er det?* (Was ist das?)

3 A

Übungen

Sie möchten andere nach ihrer Meinung zu Dänemark und seinen Sehenswürdigkeiten fragen? Mit *Hvad synes du om* ... kein Problem. Los get's!

1. Wie findest du ...?

▶ 1/21

Hvad synes du om ***Det Kongelige Teater****?*

1. Det Kongelige Teater
2. Den Lille Havfrue
3. Amalienborg Slot
4. Danmark
5. København

Welches Personalpronomen der 3. Person Singular passt, *den* oder *det*? Achten Sie einfach auf die Artikel!

2. Er oder sie oder es?

1. Hvad synes du om slottet? ______ er smukt.
2. Hvad synes du om teatret? ______ er smukt.
3. Hvad synes du om havfruen? ______ er lille.
4. Hvor er nøglen? ______ er her.
5. Er den her stol ledig? Ja, det er ______ .

Gerade die kleinen Wörter braucht man häufig. Welche Übersetzung passt?

3. Wichtige Kleinigkeiten

1.	også	a ☐	und
2.	og	b ☐	ist
3.	er	c ☐	mit
4.	med	d ☐	auch

Nun können Sie sich bald als Fremdenführer in Kopenhagen bewerben.

4. Übersetzen Sie

1. Das ist das Königliche Theater.
2. Und das ist die Amalienburg.
3. Hier wohnt die Königin.
4. Dort sitzt die kleine Meerjungfrau.
5. Wie klein sie ist!

Es passt immer nur eine Antwort. Obwohl die eher einsilbig ausfallen, wissen Sie bestimmt welche, oder?

5. Etwas einsilbig

1.	Hvad hedder du?	a ☐	Et teater.
2.	Hvordan går det?	b ☐	Det er smukt.
3.	Hvor bor du?	c ☐	Bo.
4.	Hvad er det?	d ☐	I Hamborg.
5.	Hvad synes du om det?	e ☐	Fint.

Skal vi gå derhen?

1/22

vi skal	wir sollen
derhen	dahin
nej	nein
lidt	etwas
træt	müde
så	dann
vi kan	wir können
tage	nehmen
en metro	eine Metro
er der	gibt es
en bus	ein Bus
nitten	neunzehn
kigge på	anschauen

● Skal vi gå derhen?	Sollen wir dahin gehen?
■ Åh nej, jeg er lidt træt.	Oh nein, ich bin etwas müde.
● Så kan vi tage metroen.	Dann können wir die Metro nehmen.
■ Er der en bus?	Gibt es einen Bus?
● Ja.	Ja.
■ Så kan jeg kigge på København.	Dann kann ich mir Kopenhagen anschauen.
● Godt, så tager vi bus nummer nitten.	Gut, dann nehmen wir den Bus Nummer 19.
■ Fint.	Prima.

Modalverben
immer **mit Infinitiv:**
***Skal** vi **gå** ...?* (Sollen wir ... gehen?)
*Vi **kan tage** ...* (Wir können ... nehmen)

1. Vorschlag: ***skal***
***Skal** vi gå derhen?*
(**Sollen** wir dahin gehen?)
2. Möglichkeit: ***kan***
*Vi **kan** tage metroen.*
(Wir **können** die Metro nehmen)
3. Fähigkeit: ***kan***
***Kan** du tale dansk?*
(**Kannst** du Dänisch sprechen?)

Unregelmäßig
skulle (sollen), aber:
vi skal (wir sollen)
kunne (können), aber:
vi kan (wir können)

Zahlen 11-20 1/24
11: *elleve*
12: *tolv*
13: *tretten*
14: *fjorten*
15: *femten*
16: *seksten*
17: *sytten*
18: *atten*
19: *nitten*
20: *tyve*

Gute Nachrichten
Substantive werden nicht dekliniert: **Nominativ = Akkusativ:** ***Bussen** er lille* (**Der Bus** ist klein). *Vi tager **bussen*** (Wir nehmen **den Bus**)

1/23 Bei Endung *-en* ist das *e* oft fast stumm: *metro**en*** (die Metro), *buss**en*** (der Bus), *nitt**en*** (neunzehn), *stol**en*** (der Stuhl). **Verben und Präpositionen** zusammen lernen: *kigge **på*** (anschauen), *synes **om*** (etwas finden)

3 B Übungen

Sie haben massenhaft Vorschläge. Überzeugen Sie bitte auch durch Ihre Aussprache!

1. Sollen wir … ?

▶ 1/25

*Skal vi **gå derhen**?*

1. gå derhen
2. tage metroen
3. tage bussen
4. kigge på Den Lille Havfrue
5. reservere et værelse

kan oder *skal*? Das ist hier die Frage. Kleine Hilfe:
1./4.: Möglichkeit
2.: Fähigkeit
3./5.: Vorschläge

2. Ergänzen Sie

1. Så _____ jeg kigge på København.
2. _____ du tale dansk?
3. _____ vi tage bussen?
4. Vi _____ også tage metroen.
5. _____ vi gå derhen?

Hier müssen Sie nur die richtigen Verbformen eintragen. Tipp: Präsens mit *r*, Infinitiv ohne *r*.

3. Mit oder ohne r?

1. Så kan jeg ____________ København. (kigge på)
2. Så ____________ vi metroen. (tage)
3. Vi kan også ____________ med bussen. (tage)
4. Kan du ____________ dansk? (tale)
5. Du ____________ vel nok godt dansk. (tale)

Damit Sie auch einmal selbst die Initiative ergreifen können.

4. Wie lauten die Fragen?

1. ________________________? Det går fint.
2. ________________________? Jeg hedder Lone.
3. ________________________? Jeg bor i København.
4. ________________________? Det er smukt.
5. ________________________? Det er Det Kongelige Teater.

Zahlen für Fortgeschrittene! Welche Lösung passt zu welcher Aufgabe?

5. Kleines Einmaleins

1. 4 x 4	a ☐ fjorten
2. 3 x 6	b ☐ seksten
3. 2 x 7	c ☐ atten
4. 5 x 3	d ☐ otte
5. 4 x 2	e ☐ femten

Die Dänen und ihr Königshaus

3

Königshäuser und Monarchien – völlig überholt und nur etwas für die Klatschspalten? Nicht in Dänemark! Im durch und durch demokratisch gesinnten Dänemark ist das Königshaus nicht nur fest etabliert, sondern auch beliebt. *Dronning Margrethe II.* wird vor allem wegen ihrer Volksnähe und Intelligenz geschätzt: Seit sie im Jahr 1972 den Thron bestiegen hat, ist die Zahl der Monarchiebefürworter stetig gestiegen. In aktuellen Meinungsumfragen unterstützen um die 80 % der Dänen das Königshaus. So lassen sich auch nur wenige die traditionelle Neujahrsansprache der Königin entgehen.

Neben Königin Margrethe erfreut sich auch die nächste Generation großer Beliebtheit: Zur Hochzeit von Kronprinz Frederik und Mary im Sommer 2004 befand sich ganz Dänemark im Ausnahmezustand: Neben den ca. 100.000 Feiernden in den Straßen Kopenhagens verfolgten Millionen die Traumhochzeit im Fernsehen. Der erste Sohn des Kronprinzenpaars wurde schon am Tag seiner Geburt mit Geschenken überhäuft.

Die Dänen werden also vermutlich auch in Zukunft an ihrem Königshaus festhalten. Man sollte sich daher mit Kritik an Monarchien im Generellen und Besonderen eher zurückhalten. Die Dänen lieben ihr Königshaus, und selbst Gegner der Monarchie haben ein Herz für ihre Königin.

Konstitutionelle Monarchie

Dänemark ist eine konstitutionelle Monarchie, d. h. dass die Königin gemäß Verfassung keine politischen Handlungen vornehmen darf. Zu ihren Hauptaufgaben zählt, Dänemark nach außen zu repräsentieren. Im eigenen Land fungiert sie als nationale Identifikationsfigur für die Bevölkerung.

4

Pause mit Smörrebröd

varme drikke
(warme Getränke)
en cappuccino
(ein Cappuccino)
en espresso
(ein Espresso)
en kop kakao
(eine Tasse Kakao)
en kop te
(eine Tasse Tee)

kolde drikke
(kalte Getränke)
en danskvand
(ein Mineralwasser)
en sodavand
(eine Limonade)
en cola
(eine Cola)
en appelsinjuice
(ein Orangensaft)
en fadøl
(ein Fassbier)
et glas vin
(ein Glas Wein)

Sandra und Bo konnten noch einen der Tische draußen ergattern. Fast wie Amsterdam, denkt Sandra mit Blick auf den Kanal. Doch die maritime Atmosphäre muss noch etwas warten. Zunächst studiert Sandra die Karte.
Bei den Getränken fällt ihr die Entscheidung leicht: *Jeg skal have en kop kaffe* (Ich nehme eine Tasse Kaffee). Mit dem Essen ist Sandra noch unentschieden: *Måske et stykke kage* (Vielleicht ein Stück Kuchen). Bo schlägt *et stykke smørrebrød* (ein Stück Smörrebröd) vor. Diese kunstvoll belegten Brote sind für Dänemark-Besucher ein Muss, meint er. Sandra lässt sich gerne überzeugen: *Det lyder godt* (Das klingt gut). Dazu passt dann aber der Kaffee nicht mehr recht: *Så tager jeg hellere en øl* (Dann nehme ich lieber ein Bier).
Wie in den meisten dänischen Cafés gilt auch hier Selbstbedienung. Am Tresen kommt Sandra Bo zuvor. Sie lässt sich keine Gelegenheit entgehen, ihr Dänisch zu praktizieren. *Vi vil gerne have to stykker smørrebrød med leverpostej og bacon* (Wir hätten gern zwei Stücke Smörrebröd mit Leberpastete und Bacon). Und sogar die unerwartete Gegenfrage nach der Biermarke meistert sie mit links. Ganz besonders freut sie sich, dass sie auch noch den Preis versteht: *Det bliver hundrede og fjorten kroner* (Das macht 114 Kronen). Die Zahlen musste Sandra lange üben. Schmunzelnd erzählt sie Bo, dass sie anfangs immer mit einem Riesenhaufen Münzen aus Dänemark zurückkam, da sie aus lauter Verlegenheit meist mit großen Scheinen bezahlte. Diese Zeiten sind nun aber endgültig vorbei.

En kop kaffe

4 A

▶ 1/26

jeg skal have	ich möchte, nehme
en kop	eine Tasse
kaffe	Kaffee
en øl	ein Bier
spise	essen
måske	vielleicht
et stykke	ein Stück
en kage	ein Kuchen
et stykke smørrebrød	ein Smörrebröd, belegtes Brot
lyde	klingen
en leverpostej	eine Leberpastete
bacon	Bacon
hellere	lieber

● Hvad skal du have?	Was möchtest du?
■ Jeg skal have en kop kaffe.	Ich nehme eine Tasse Kaffee.
● Jeg skal have en øl. Hvad skal du have at spise?	Ich nehme ein Bier. Was möchtest du zu essen?
■ Måske et stykke kage.	Vielleicht ein Stück Kuchen.
● Hvad med et stykke smørrebrød?	Wie wäre es mit einem Stück Smörrebröd?
■ Det lyder godt.	Das klingt gut.
● Jeg skal have et stykke med leverpostej og bacon.	Ich nehme ein Stück mit Leberpastete und Bacon.
■ Det skal jeg også have. Så tager jeg også hellere en øl.	Das nehme ich auch. Dann nehme ich auch lieber ein Bier.

2 Mal „ich nehme“:
1. *jeg skal have* (wörtl. ich soll haben)
2. *jeg tager* (ich nehme)

Wortstellung
Wegen der fehlenden Deklination der Substantive hat das Dänische eine **feste Wortreihenfolge** (s. Grammatik S. 158 f.).
a) Das **Verb** steht wie im Deutschen immer an **zweiter Position**:
Jeg tager *også en øl* (**Ich nehme** auch ein Bier)
Så ***tager jeg*** *også en øl* (Dann **nehme ich** auch ein Bier)
b) Bei **zusammengesetzten Verben** steht der 2. Teil immer vor den Objekten und adverbialen Bestimmungen:
Jeg kan kigge *på København.* (**Ich kann** mir Kopenhagen **anschauen**.)
Så ***kan jeg kigge*** *på København.* (Dann **kann ich** mir Kopenhagn **anschauen**.)

Das ***stykke*** (Stück) darf nicht fehlen: *et stykke smørrebrød* (ein Stück Smörrebröd = ein Smörrebröd)

Universal-Wendung:
1. Vorschläge: *Hvad med …?* (Wie wäre es mit …?, wörtl. Was mit … ?) 2. Gegenfrage: *Hvad med dig?* (Und du?) Ganz praktisch, um ein Gespräch in Gang zu halten.

4 A

Übungen

Verdursten müssen Sie auf jeden Fall nicht. Eine Getränkeliste finden Sie auf Seite 26. Bei guter Kondition können Sie auch alles hintereinander nehmen.

1. Ich nehme ...

1/27

Jeg skal have ***en kop kaffe***.

1. en kop kaffe
2. en øl
3. en danskvand
4. en kop kakao
5. en appelsinjuice

Nur eine Erwiderung macht Sinn. Ist es a oder b? Zur Not einfach noch einmal den Dialog auf Seite 27 lesen.

2. Welche Reaktion passt?

1. Hvad skal du have?	a ☐	Det skal jeg også have.
	b ☐	En lille fadøl.
2. Hvad skal du have at spise?	a ☐	Et stykke smørrebrød.
	b ☐	Et glas vin.
3. Hvad med et stykke kage?	a ☐	Hvad skal du have?
	b ☐	Det lyder godt.
4. Skal du også have en cola?	a ☐	Ja, det skal jeg også.
	b ☐	Et stykke chokoladekage.

Trainingseinheit für den nächsten Cafébesuch in Dänemark.

3. Übersetzen Sie

1. Was möchtest du?
2. Ich nehme ein Glas Wein.
3. Was nimmst du zu essen?
4. Vielleicht ein Stück Kuchen.

Beginnen Sie die Sätze mit *så* und denken Sie an die Position des Verbs. Tipp: Einfach wie im Deutschen. (Ausnahme: Zusammengesetzte Verben).
Erkennen Sie den Tomatensalat?

4. Achtung Wortstellung

1/28

Så tager jeg *også et glas vin.*

1. Jeg tager også et glas vin.
2. Jeg spiser en tomatsalat.
3. Jeg kan kigge på København.
4. Vi kan tage metroen.
5. Vi går derhen.

Und noch einmal das *a*! Hören Sie und sprechen Sie nach.

5. a oder ä?

1/29

1. have	6. kaffe
2. skal	7. kakao
3. tager	8. cappuccino
4. kage	9. cola
5. danskvand	10. tak

Vi vil gerne have to øl

4 B

▶ 1/30

Hvad skal det være?	Was darf es sein?
være	sein
vi vil gerne have	wir hätten gern
ville	wollen
gerne	gern
eller	oder
et øjeblik	einen Augenblick bitte
betale	bezahlen
sammen	zusammen
hver for sig	getrennt, jeder für sich
det hele	alles, das Ganze
det bliver	das macht
hundrede og fjorten	hundertundvierzehn
en krone	eine Krone (dänische Währung)

● Hvad skal det være?	Was darf es sein?
■ Vi vil gerne have to øl og to stykker smørrebrød med leverpostej og bacon.	Wir hätten gern zwei Bier und zwei Stücke Smörrebröd mit Leberpastete und Bacon.
● Hof eller Tuborg?	Hof oder Tuborg?
■ To Tuborg tak.	Zwei Tuborg bitte.
● Et øjeblik. Værsgo.	Einen Augenblick bitte. Bitte schön.
■ Tak.	Danke.
● Betaler I sammen eller hver for sig?	Bezahlt ihr zusammen oder getrennt?
■ Jeg betaler det hele.	Ich bezahle alles.
● Det bliver hundrede og fjorten kroner.	Das macht 114 Kronen.
■ Værsgo.	Bitte schön.
● Tak.	Danke.

Plural – unbestimmt
Entsprechende Endung wird angehängt:
1. -*(e)r*
*to stykk**er*** (zwei Stücke)
*to kron**er*** (zwei Kronen)
2. *-e*
*to stol**e*** (zwei Stühle)
3. ohne Endung
to øl (zwei Bier)
Tipp: Die Endung ***-(e)r*** ist am häufigsten.

Unregelmäßige Verben (s. S. 155 f.):
Infinitiv: ***være*** (sein)
Präsens: ***er*** (ist etc.)

Zahlen 20–100 ▶ 1/32
20: *tyve*
30: *tredive*
40: *fyrre*
50: *halvtreds*
60: *tres*
70: *halvfjerds*
80: *firs*
90: *halvfems*
100: *(et) hundrede*
Einer + *og* (und) **+ Zehner:**
21: *en**og**tyve*
32: *to**og**tredive*
Hunderter + *og* + Zahl:
114: *(et) hundrede og fjorten*
132: *(et) hundrede og toogtredive*

***ja tak* = ja bitte**
Als Entgegnung auf ein Angebot heißt *tak* auch „bitte".

vi vil gerne have (wörtlich: wir wollen **gerne** haben) Das **gerne** nie vergessen!

Hof (umgangssprachlich): das **Pils** der **Carlsberg**-Brauerei

▶ 1/31 Die Endung *-er* wird wie im Deutschen gesprochen: *stykk**er*** (Stücke), *kron**er*** (Kronen), *betal**er*** (bezahlen), *bliv**er*** (machen).

Übungen

Können Sie die Zahlen auch ohne die Audios? Sprechen Sie doch mal zuerst und lassen Sie die Audios „nachplappern“.

1. Moneten

▶ 1/33

Det bliver ***seksogtredive*** *kroner.*

1. 36 kr.
2. 64 kr.
3. 78 kr.
4. 57 kr.
5. 99 kr.

Nur eine Pluralform ist richtig. Wissen Sie noch, welche? Tipp: In der Wörterliste gibt die zweite Endung die Pluralform an.

2. Fehlerteufel

1. et stykke kage
   - a ☐ to stykke kage
   - b ☐ to stykker kage
2. en kop kaffe
   - a ☐ to kopper kaffe
   - b ☐ to koppe kaffe
3. en øl
   - a ☐ to øl
   - b ☐ to ølle
4. en stol
   - a ☐ to stole
   - b ☐ to stoler

Hier müssen Sie lediglich das passende Wort einsetzen. Klappt doch bestimmt schon ganz gut, oder?

3. Lückenfüller

bliver – gerne – hele – sammen – stykker

1. Vi vil __________ have to kopper kaffe.
2. Vi vil også gerne have to __________ kage.
3. Betaler I __________ eller hver for sig?
4. Jeg betaler det __________.
5. Det __________ 67 kr.

Mit fleißigem Üben der Zahlen können Sie auch mal Ihr Kleingeld loswerden. Welche Zahlen passen zusammen?

4. Was macht es?

1. Det bliver 76 kr.
2. Det bliver 48 kr.
3. Det bliver 84 kr.
4. Det bliver 69 kr.
5. Det bliver 96 kr.

- a ☐ niogtres
- b ☐ otteogfyrre
- c ☐ seksoghalvfjerds
- d ☐ seksoghalvfems
- e ☐ fireogfirs

Heißer Hund und Butterbrot

4

Dänische Snacks? Zunächst fallen einem da sicherlich Hotdogs ein, an jeder Ecke und zu jeder beliebigen Tag- und Nachtzeit zu erhalten. Natürlich *med det hele* (mit allem). Und wem die roten Würstchen wegen der Farbstoffe suspekt sind, dem bleibt ja noch die Alternative mit der altbekannten und vertrauten Bratwurst: *en ristet hotdog* (ein gebratener Hotdog).
Dänemarks Beitrag zur internationalen Küche ist allerdings nicht der Hotdog, sondern *smørrebrød,* eine kulinarische Köstlichkeit – vielen bekannt aus der Erkennungsmelodie des wenig vertrauenswürdigen Kochs der Muppet-Show: „Smørrebrød, Smørrebrød røm pøm pøm pøm pøm."
Was aber genau ist *smørrebrød* nun eigentlich? Dabei handelt es sich weder um ein Knäckebrot noch um ein schnödes Butterbrot, wie es wörtlich zu übersetzen wäre (*smør* = Butter, *brød* = Brot). Oh nein, vielmehr entpuppt sich *smørrebrød* als ein reichlich belegtes und kunstvoll verziertes Schwarz- oder Weißbrot.
Die Dänen essen *smørrebrød* vor allem zur Mittagszeit, als Snacks zum Mitnehmen oder im Restaurant. Dort wählt man aus umfangreichen Speisekarten zwei bis drei Stücke aus. Doch auch zu privaten Festessen wird häufig *smørrebrød* gereicht. Auf der Tafel findet man dann die kalten und warmen Zutaten in diversen Schüsseln angerichtet, belegen darf man selber.
Dieses Essen gleicht einer Zeremonie. Alle wissen, welche Beläge man kombinieren kann und in welcher Reihenfolge man die Brote zu sich nimmt: Erst Fisch, dann Fleisch bzw. Wurst und zum Abschluss Käse. Das muss man einfach probiert haben. Dazu ein kaltes Bier und einen Aquavit – ein Stück dänische Lebensart.

med det hele **(mit allem)**
Zu einem klassischen Hotdog gibt es Senf, Ketchup, Remoulade, rohe und geröstete Zwiebeln sowie eingelegten Gurkensalat.

smørrebrød**-Klassiker:**
Dyrlægens natmad
(Tierarzts Abendbrot)
Schwarzbrot, Leberpastete, Salzfleisch, Zwiebelringe und Fleischgelee
Stjerneskud (Sternschnuppe)
Weizenbrot, Salat, Tomatenscheiben, gebratener und gedämpfter Fisch, Krabben, Majonäse und Kaviar
Sol over Gudhjem
(Sonne über Gudhjem)
Schwarzbrot, geräucherter Hering, Schnittlauch und Zwiebeln, rohes Eigelb

Snacks og andet
(Snacks und anderes)
en skinkesandwich
(ein Schinkensandwich)
en burger
(ein Hamburger)
en hotdog (ein Hotdog)
et stykke chokoladekage
(ein Stück Schokokuchen)

T Test 1

Hier geht's um die Informationen aus den Landeskundetexten. Erinnern Sie sich noch? Wenn nicht hilft nur noch einmal lesen.

1. Welche Antwort stimmt?

1. *Rød grød med fløde* ist ...
   a ☐ ein leckerer Zungenbrecher: Rote Grütze mit Sahne.
   b ☐ ein dänisches Blätterteiggebäck.
   c ☐ eine Hotdog-Variante.

2. Englische Lehnwörter ...
   a ☐ gibt es im Dänischen kaum.
   b ☐ brachten Handwerker im Mittelalter nach Dänemark.
   c ☐ sind aus dem heutigen Dänisch nicht mehr wegzudenken.

3. Die Anrede *du* ...
   a ☐ ist außerhalb der Familie eine Beleidigung.
   b ☐ sollte man nicht gegenüber Vorgesetzten verwenden.
   c ☐ ist die gängige Anredeform in Dänemark.

4. Die dänische Königin heißt ...
   a ☐ *Dronning Frederik*.
   b ☐ *Dronning Margrethe*.
   c ☐ *Dronning Mary*.

5. *Den Lille Havfrue* ist ...
   a ☐ eine Muse H.C. Andersens.
   b ☐ eine Skulptur in Kopenhagen.
   c ☐ ein *smørrebrød*-Klassiker.

6. *Smørrebrød* ist ...
   a ☐ eine kulinarische Spezialität.
   b ☐ der schwedische Koch aus der Muppet-Show.
   c ☐ eine Sehenswürdigkeit in Kopenhagen.

Wenn Sie die letzten vier Lektionen aufmerksam bearbeitet haben, wissen Sie bestimmt, welche Antwort passt.

2. Fragen und Antworten

1. Er den her stol ledig?
2. Hvad hedder du?
3. Hvordan går det?
4. Hvad er det?
5. Hvor bor du?
6. Hvad synes du om slottet?
7. Hvad skal du have at spise?
8. Hvad skal det være?

a ☐ Tak, fint.
b ☐ Det er Amalienborg Slot.
c ☐ Et stykke kage.
d ☐ Ja, det er den.
e ☐ I Hamborg.
f ☐ Ole Madsen.
g ☐ Det er smukt.
h ☐ Jeg vil gerne have en kop kaffe.

3. Was fehlt?

1. Hvad _____ dig?
   a ☐ og
   b ☐ i
   c ☐ med

2. Mit navn _____ Tove Larsen.
   a ☐ har
   b ☐ er
   c ☐ går

3. Hvad synes du _____ København?
   a ☐ om
   b ☐ i
   c ☐ på

4. Vi kan kigge _____ Den Lille Havfrue.
   a ☐ på
   b ☐ om
   c ☐ I

5. Hvad skal du have _____ spise?
   a ☐ og
   b ☐ at
   c ☐ til

6. Jeg vil gerne have _____ stykke smørrebrød.
   a ☐ et
   b ☐ en
   c ☐ at

Bei Problemen helfen nur die Grammatikspalten der vorangegangenen Lektionen oder der Lösungsschlüssel, aber Mogeln gilt nicht. Versuchen Sie es in zwei Tagen noch einmal.

4. Wie sagt man auf Dänisch?

1. Guten Tag.
2. Ich heiße ...
3. Bitte schön.
4. Wie geht's dir?
5. Ich bin etwas müde.
6. Wie findest du das Schloss?
7. Es ist schön.
8. Ich möchte gern ein Bier.

Wenn Sie diese Sätze mit links übersetzen, dürfen Sie zügig mit der nächsten Lektion weitermachen.

5

Kunst und Kultur

Zeitungen

Überregionale Tageszeitungen
- *Politiken* (sozialliberal)
- *Berlingske Tidende* (liberal-konservativ)
- *Morgenavisen Jyllands-Posten* (bürgerlich-konservativ)
- *Information* (linksliberal)

Wochenzeitung
- *Weekendavisen* (konservative Version der „Zeit“)

Boulevardblätter
- *BT*
- *Ekstra Bladet*

Sandra und Bo genießen ihr *smørrebrød* und die Aussicht auf den Kanal. Allmählich wird Sandra wieder munter und beginnt voller Unternehmungslust mit der Planung der nächsten Tage. Bei ihrem Gang durch die Stadt sind ihr Ausstellungsplakate aufgefallen: *Skal vi ikke se guldaldermalerne i morgen?* (Sollen wir nicht morgen die Maler des goldenen Zeitalters sehen?), schlägt sie vor. Bo ist sofort dabei: *Udstillingen er rigtig god* (Die Ausstellung ist wirklich gut).
Auf Sandras Wunsch hin – *Jeg vil gerne til koncert* (Ich möchte gern ins Konzert) – holen sie *aviserne* (die Zeitungen) und studieren gemeinsam *kulturkalenderen* (das Veranstaltungsprogramm). Sandra wird schon bald fündig: Ein Jazzkonzert. *Hvornår?* (Wann?), fragt Bo. *Tirsdag aften* (Dienstagabend) im *Copenhagen Jazz House*. Doch nun erhebt Bo Einspruch: *Tirsdag aften har du ikke tid* (Dienstagabend hast du keine Zeit). *Hvorfor ikke?* (Warum nicht?), fragt Sandra etwas perplex. Aber Bo will nicht so recht mit der Sprache raus. Es soll eine Überraschung werden. Er verrät lediglich: *Vi skal mødes med min søster* (Wir werden uns mit meiner Schwester treffen). Sandra freut sich riesig: *Jeg glæder mig til at se din søster igen* (Ich freue mich darauf, deine Schwester wiederzusehen) und gibt sich mit der Auskunft zufrieden, ist aber schon schrecklich neugierig.

Guldaldermalerne

5 A

1/34

ikke	nicht, kein
guldaldermaler	Maler des goldenen Zeitalters
i morgen	morgen
jo	doch
en udstilling	eine Ausstellung
rigtig	richtig, verstärkend: wirklich
ville gerne	mögen
til koncert	ins/in ein Konzert
ok	o. k.
kigge	schauen
en kulturkalender	ein Veranstaltungsprogramm
hente	holen
aviserne	die Zeitungen

■ Skal vi ikke se guldaldermalerne i morgen?	Sollen wir nicht morgen die Maler des goldenen Zeitalters sehen?
● Jo, udstillingen er rigtig god.	Doch, die Ausstellung ist wirklich gut.
■ Og jeg vil gerne til koncert.	Und ich möchte gern in ein Konzert.
● Ok. Vi kan kigge i kulturkalenderen.	Okay. Wir können ins Veranstaltungsprogramm schauen.
■ Fint, jeg henter aviserne.	Prima, ich hole die Zeitungen.

2 Mal Zukunft
1. ***skal*** für **Pläne** und **Verabredungen:**
*I morgen **skal** jeg til koncert*
(Morgen **werde** ich ins Konzert **gehen**)
2. ***vil*** für **Wünsche** und **Absichten:**
*I morgen vil **jeg** til koncert*
(Morgen **will** ich ins Konzert **gehen**)
Hinweis: Verben der Bewegung werden oft ausgelassen.

Zeitbestimmungen Zukunft
Oft mit der Präposition ***i***:
i morgen (morgen)
i dag (heute)
i eftermiddag (heute Nachmittag)
i aften (heute Abend)

Plural bestimmt
-*(e)ne* wird an die unbestimmte Pluralform gehängt:
aviser (Zeitungen)
→ *avise**rne*** (die Zeitungen)
malere (Maler)
→ *male**rne*** (die Maler)

ja (ja) oder ***jo*** (doch)?
jo immer nach Fragen mit ***ikke*** (nicht)

Achtung:
Adjektiv: *god* (gut)
Adverb: *godt* (gut)

Substantive und Präpositionen
Schlechte Nachricht: Es gibt keine Regeln, deshalb am besten zusammen lernen. Gute Nachricht: Richtung und Ort werden nicht unterschieden: *til koncert* (ins/im Konzert), *på café* (ins/im Café), *i teatret* (ins/im Theater)

5 A

Übungen

Vor lauter Unternehmungslust wissen Sie nicht, was Sie zuerst machen sollen. Na, dann machen Sie mal ordentlich Vorschläge!

1. Sollen wir nicht ...? ▶ 1/35

*Skal vi ikke **til koncert**?*

1. til koncert
2. se guldaldermalerne
3. på café
4. tage bussen
5. i teatret

Mit welcher Verbform geht der Satz richtig weiter? Entscheiden Sie sich für einen Infinitiv auf *-e* oder eine Präsensform auf *-r*. Vielleicht kann man auf das Verb sogar hier und da ganz verzichten?

2. Was passt?

1. Jeg skal — a ☐ til koncert. b ☐ går til koncert.
2. Skal vi ikke — a ☐ ser udstillingen? b ☐ se udstillingen?
3. I morgen vil jeg gerne — a ☐ til teatret. b ☐ i teatret.
4. Kan du — a ☐ hente aviserne? b ☐ henter aviserne?

Hier fehlt die bestimmte Pluralform der Substantive. Wissen Sie noch was angehängt wird?

3. Was fehlt?

1. Hvad synes du om ________________ ? (guldaldermaler)
2. Hvor er ________________ ? (aviser)
3. Har du ________________ ? (nøgler)
4. Hvad synes du om ________________ ? (værelser)
5. Hvor er ________________ ? (stole)

Ihre dänischen Freunde sind echte Theaterenthusiasten und lassen keine Vorstellung aus. Da können Sie ruhig mal Ihr Leid klagen.
Sprechen Sie nach.

4. Theaterenthusiasten ▶ 1/36

***I aften** skal vi i teatret.*

1. i aften
2. i morgen
3. i eftermiddag
4. i dag
5. i morgen aften

De spiller jazz

5 B

▶ 1/37

de	sie (Plural)
spille	spielen
jazz	Jazz
i	in
hvornår	wann
på tirsdag	nächsten Dienstag
klokken otte	um acht (Uhr)
en aften	ein Abend
tid	Zeit
hvorfor	warum
mødes med	sich treffen mit
min	mein/-e
søster	Schwester
glæde sig til	sich freuen auf
din	dein/-e

■ De spiller jazz i Jazz House.	Sie spielen Jazz im Jazz House.
● Hvornår?	Wann?
■ På tirsdag klokken otte.	Nächsten Dienstag um acht.
● Nej, tirsdag aften har du ikke tid.	Nein, Dienstagabend hast du keine Zeit.
■ Hvorfor ikke?	Warum nicht?
● Vi skal mødes med min søster.	Wir werden uns mit meiner Schwester treffen.
■ Dejligt. Jeg glæder mig til at se din søster igen.	Schön. Ich freue mich darauf, deine Schwester wiederzusehen.

Wochentage ▶ 1/38
mandag (Montag)
tirsdag (Dienstag)
onsdag (Mittwoch)
torsdag (Donnerstag)
fredag (Freitag)
lørdag (Samstag)
søndag (Sonntag)

Zeitbestimmungen Zukunft
Bei **Wochentagen** immer mit ***på***:
på tirsdag
(nächsten Dienstag)
Hinweis:
Bei Wochentagen + Tagesangaben ganz **ohne** Präposition:
tirsdag aften (nächsten Dienstagabend)

klokken otte (um acht Uhr)
klokken darf **nie** fehlen und steht immer **vor** der Stundenangabe.

Reflexive Pronomen
jeg *glæder* ***mig*** (ich freue mich)
du *glæder* ***dig*** (du freust dich)
han/hun *glæder* ***sig*** (er/sie freut sich)
vi *glæder* ***os*** (wir freuen uns)
I *glæder* ***jer*** (ihr freut euch)
de *glæder* ***sig*** (sie freuen sich)

Verben und Präpositionen: Auch hier gibt es keine Regeln, deshalb zusammen lernen: *glæde sig til* (sich freuen auf), *kigge på* (gucken auf, anschauen), *synes om* (denken über, etwas finden)

Übungen

Erinnern Sie sich noch an die Zahlen? Hoffentlich, denn sonst bekommen Sie Probleme mit der Uhrzeit.

1. Nächsten Sonntag um sieben

▶ 1/39

*På søndag klokken **syv**.*

1. 7
2. 5
3. 16
4. 18
5. 12

In welcher Reihenfolge gibt es einen sinnvollen Satz? Ist gar nicht so schwer, wenn man auch auf die Satzzeichen achtet, oder?

2. Wortsalat

1. skal – til – hvornår – vi – koncert ?
2. med – på – søndag – hvad ?
3. jeg – ikke – søndag – har – tid – på .
4. har – ikke – du – søndag – hvorfor – tid – på ?
5. med – søster – jeg – mødes – min – skal .

Bei Zeitbestimmungen in der Zukunft brauchen Sie die Präpositionen *i* und *på*, manchmal geht's aber auch ohne. Wissen Sie noch wann?

3. Mut zur Lücke

1. De spiller jazz _____ lørdag klokken otte.
2. _____ morgen aften skal jeg til koncert.
3. Har du tid _____ fredag aften?
4. Jeg vil gerne på café _____ eftermiddag.
5. Vi skal mødes med min søster _____ søndag.

Sprechen Sie die Wochentage nach und achten Sie vor allem auf die Aussprache. Auch ein Blick in den Lösungsschlüssel lohnt sich, da gibt's noch einige Zusatzinfos über die Bedeutung der Wochentagsnamen.

4. Vorfreude

▶ 1/40

*Jeg glæder mig til **på mandag**.*

1. på mandag
2. på tirsdag
3. på onsdag
4. på torsdag
5. på fredag
6. på lørdag
7. på søndag

Goldene Zeiten?

5

Guldalderen, das goldene Zeitalter, nennen die Dänen liebevoll verklärend die kulturelle Blütezeit von 1816 bis 1848, in der Neoklassizismus und Romantik ihren Ausdruck fanden. Als Begründer dieser Periode gilt Christoffer Wilhelm Eckersberg, Professor der Kunstakademie in Kopenhagen. Seinen hohen kulturellen Status hat das goldene Zeitalter insbesondere Eckersbergs begabtestem Schüler Christen Købke zu verdanken.
Dieser kulturellen Glanzperiode steht zur gleichen Zeit der politische Niedergang Dänemarks entgegen. Von goldenen Zeiten konnte auf politischer und wirtschaftlicher Ebene nicht im Entferntesten die Rede sein. In den Seeschlachten 1801 und 1807 bombardierten die Briten Kopenhagen. Die zweite Schlacht führte zu verheerenden Flächenbränden sowie zum Verlust der dänischen Flotte. 1813 folgte der Staatsbankrott und 1814 mussten die Dänen Norwegen an Schweden abtreten. Auch gesellschaftlich war das Land durch die langsame Entwicklung zur konstitutionellen Monarchie von starken Umbrüchen geprägt.
Die Menschen suchten in diesen chaotischen Zeiten voller Umbrüche nach Harmonie und Trost und fanden sie in der Kunst. So erinnerten beispielsweise Motive der nordischen Sagen und Mythen an frühere, weitaus bessere Tage. Insgesamt ist diese Periode von einem idealisierenden Realismus gekennzeichnet. Nicht nur Landschaften, auch Gesellschaftsverhältnisse wurden kunstvoll romantisch verklärt.

Louisiana

Das Museum für moderne Kunst liegt in einem alten Park an der Küste Seelands mit Blick auf den Øresund. Es ist schon wegen des beeindruckenden Zusammenspiels von Kunst, Architektur und Natur einen Besuch wert. Neben zahlreichen Sonderausstellungen liegt der Schwerpunkt der Sammlung auf internationaler Kunst nach 1950. Dänemark ist u. a. durch Asger Jorn und Per Kirkeby vertreten.

6 Überraschung

En klaphat
(ein Klapphut)
ist eine Baseballkappe, die mit zwei Armen und Händen ausgestattet ist. Mit Hilfe eines Schnursystems kann man die Hände zum Klatschen bringen.

Sport (Sport)
Man kan spille ...
(Man kann ... spielen)
fodbold: Fußball
håndbold: Handball
tennis: Tennis
bordtennis: Tischtennis
badminton: Badminton
golf: Golf

Og så kan man ... (Und dann kann man ...)
svømme: schwimmen
sejle: segeln
løbe: laufen
cykle: Rad fahren
danse: tanzen

Am Dienstagabend wartet Sandra gespannt auf Bo und seine Überraschung. Da kommt er schon: *Jeg har en gave til dig* (Ich habe ein Geschenk für dich), begrüßt er sie. Damit hat Sandra nun wirklich nicht gerechnet: *Dejligt! Tak skal du have!* (Schön! Vielen Dank!), und macht sich gleich ans Auspacken. Doch was ist das? *En klaphat?* (Ein Klapphut?), ruft sie erstaunt und erinnert sich daran, solche Dinger schon bei dänischen Fußballfans im Fernsehen gesehen zu haben.
Vorsichtig fragt Bo: *Jeg håber, du kan lide fodbold* (Ich hoffe, du magst Fußball). Sandra zögert: *Jeg kan ikke lide at spille fodbold* (Ich spiele nicht gern Fußball). Da ist Bo aber erleichtert: *Det gør ikke noget* (Das macht nichts), meint er, *bare du kan lide at synge.* (wenn du nur gern singst). Endlich rückt er mit der Überraschung raus: *Vi skal i Parken* (Wir gehen ins Parken). Im Kopenhagener Stadion Parken spielt heute Dänemark gegen Schweden – ein echter Klassiker. Diese Überraschung ist gelungen.
Kurz darauf strömen sie mit all den anderen Fans zum Stadion. Dort treffen sie Bos Schwester Lise und deren Familie. Sandra hätte Lise in ihrem rot-weißen Outfit und mit Kriegsbemalung kaum wiedererkannt. Lise war schon immer ein begeisterter Fußballfan und auch selbst aktiv. *Spiller du stadigvæk fodbold?* (Spielst du immer noch Fußball?), fragt Sandra. *Ja, en gang om ugen* (Ja, einmal die Woche), bestätigt Lise. Sandra interessiert sich mehr für *håndbold* (Handball), liegt damit aber voll im dänischen Trend. Denn in Dänemark ist Frauenhandball äußerst populär.

En klaphat?

6 A

1/41

en gave	ein Geschenk
til	für
en klaphat	ein Klapphut
håbe	hoffen
jeg kan lide	ich mag, ich habe/mache gern
fodbold	Fußball
gøre	machen, tun
ikke noget	nichts
heller ikke	auch nicht
bare	wenn … nur (Hoffnungen)
synge	singen
nemlig	nämlich
Parken	das Parken (Kopenhagener Fußballstadion)

● Jeg har en gave til dig.	Ich habe ein Geschenk für dich.
■ Dejligt! Tak skal du have! En klaphat?	Schön! Vielen Dank! Ein Klapphut?
● Ja, jeg håber, du kan lide fodbold.	Ja, ich hoffe, du magst Fußball.
■ Mhm. Jeg kan ikke lide at spille fodbold.	Mhm. Ich mag nicht Fußball spielen.
● Det gør ikke noget. Det kan jeg heller ikke.	Das macht nichts. Das mag ich auch nicht.
■ Nej?	Nein?
● Bare du kan lide at synge.	Wenn du nur singen magst.
■ Ja, det kan jeg godt.	Ja, das mag ich gern.
● Vi skal nemlig i Parken.	Wir gehen nämlich ins Parken.

Infinitivkonstruktionen
*Jeg kan ikke lide **at spille** fodbold* (wörtl.: Ich kann nicht leiden **zu spielen** Fußball **=** Ich spiele nicht gerne Fußball).
*kan lide **at synge***
(kann leiden **zu singen** = ich singe gerne)
*dejligt **at se** dig*
(schön dich **zu sehen**)
*Hvad skal du have **at spise**?*
(Was möchtest du **zu essen** haben? = Was möchtest du essen?)

Kurzantworten bei Modal- und Hilfsverben
1. *kan + godt:*
***Kan** du lide at synge?*
(Singst du gerne?)
Ja, det kan jeg godt.
(wörtl.: Ja, das kann ich gut = Ja, das mag ich).
Nej, det kan jeg ikke.
(Nein, das mag ich nicht.)
2. *vil + gerne*:
***Vil** du med til koncert?*
(Möchtest du mit ins Konzert?)
Ja, det vil jeg gerne.
(Ja, das möchte ich gern.)
Nej, det vil jeg ikke.
(Nein, das möchte ich nicht.)
3. *er:*
***Er** du træt?*
(Bist du müde?)
Ja, det er jeg.
(Ja, das bin ich.)
Nej, det er jeg ikke. (Nein, das bin ich nicht.)
Ebenso: *har* und *skal*

Achtung anders: *heller ikke* (auch nicht) kann im Dänischen nicht mit *også* (auch) und *ikke* (nicht) kombiniert werden.

6 A

Übungen

Haben Sie sich schon ein wenig an das Verschlucken von Buchstaben gewöhnt? Hören und unterstreichen Sie beim Nachsprechen die „stummen" Buchstaben.

1. Und weiter schön sparsam! ▶ 1/42

1. lide
2. også
3. ikke
4. rigtig
5. morgen
6. aften
7. fodbold
8. torsdag
9. bare
10. det

Eine Übung zum Zurücklehnen. Achten Sie aber trotzdem auf die Infinitivkonstruktion bei Verben.

2. Was mögen Sie? ▶ 1/43

Jeg kan godt lide ***at spille fodbold****.*

1. at spille fodbold
2. at synge
3. udstillingen
4. at tale dansk
5. jazz

Die kleinen Wörter, die man immer wieder benötigt. Welche Übersetzung passt?

3. Nicht zu unterschätzen

1. heller ikke
2. igen
3. ikke
4. måske
5. også

a ☐ wieder
b ☐ nicht
c ☐ auch
d ☐ auch nicht
e ☐ vielleicht

Antworten Sie kurz, aber bitte in ganzen Sätzen. Zur Erinnerung: Bei positiven Antworten gehören *kan* + *godt* sowie *vil* + *gerne* zusammen.

4. In der Kürze liegt die Würze

1. Er du træt?
2. Kan du lide at spille fodbold?
3. Har du tid?
4. Skal du til koncert i aften?
5. Vil du have en kop kaffe?

Zu schwer? Hilfe gibt es auf Seite 41.

5. Übersetzen Sie

1. Ich hoffe, du magst Fußball.
2. Ich spiele nicht gerne Fußball.
3. Das mag ich auch nicht.
4. Das macht nichts.
5. Wenn du nur singen magst.

Dyrker du sport?

6 B

1/44

være klar til	bereit sein für
en kamp	ein Kampf, hier: ein Spiel
stadigvæk	immer noch
en gang	einmal
en uge	eine Woche
dyrke	treiben, betreiben
sport	Sport
håndbold	Handball
hvor tit	wie oft
løbe	laufen
tit	oft
en morgen	ein Morgen
imponerende	imponierend

● Er du klar til kampen?	Bist du bereit für das Spiel?
■ Ja, jeg glæder mig til den.	Ja, ich freue mich darauf.
● Det gør jeg også.	Das tue ich auch.
■ Spiller du stadigvæk fodbold?	Spielst du immer noch Fußball?
● Ja, en gang om ugen, om torsdagen. Hvad med dig? Dyrker du sport?	Ja. Einmal in der Woche, donnerstags. Und du? Treibst du Sport?
■ Ja, jeg spiller håndbold.	Ja, ich spiele Handball.
● Hvor tit?	Wie oft?
■ To gange om ugen. Og jeg løber tit om morgenen.	Zweimal in der Woche. Und ich laufe oft morgens.
● Imponerende.	Imponierend.

Jeg glæder mig til ***den***. (Ich freue mich **darauf**; wörtl.: Ich freue mich auf **ihn**)

Kurzantworten bei **Vollverben** mit Hilfe von ***gøre*** (tun):
Spiller *du håndbold?*
(Spielst du Handball?)
Ja, det ***gør*** *jeg.*
(Ja, das **tue** ich.)
Nej, det ***gør*** *jeg ikke.*
(Nein, das **tue** ich nicht.)

Wortstellung
Satzadverbien wie ***ikke*** (nicht), ***også*** (auch), ***heller ikke*** (auch nicht), ***tit*** (oft) stehen in Hauptsätzen nach Subjekt und Verb (s. Grammatik S. 158 f.)
Jeg spiller ikke *fodbold.*
(Ich spiele nicht Fußball.)
Om aftenen ***spiller jeg tit*** *fodbold.* (Abends spiele ich oft Fußball.)

Zeitbestimmungen generell
om + bestimmte Form der Substantive:
torsdag (Donnerstag) → ***om*** torsdag**en** (donnerstags)
morgen (Morgen) → ***om*** *morgen****en*** (morgens)
vinter (Winter) → ***om*** *vinte****ren*** (im Winter)

spille *fodbold* (Fußball **spielen**), aber: *en fodbold****kamp*** (ein Fußball**spiel**; wörtl.: ein Fußball**kampf**)

Achtung: *en* ***gang*** (ein**mal**); *to* ***gange*** (zwei**mal**). Lernen Sie die Pluralendungen am besten gleich mit dem Substantiv. Sie finden sie in der alphabetischen Wörterliste ab Seite 160 ff.

Übungen

Sie sind eine Sportskanone? Na, hoffentlich haben Sie dann auch noch Zeit, Dänisch zu üben. Setzen Sie ruhig auch ihre Lieblingssportart ein.

1. Sportlich, sportlich

1/45

*En gang om ugen spiller jeg **håndbold**.*

1. håndbold
2. fodbold
3. tennis
4. badminton
5. golf

Sie wissen bestimmt, welche Antwort passt, oder?

2. Rund um die Schläger

1.	Dyrker du sport?	a ☐	Nej, det kan jeg ikke.
2.	Hvor tit?	b ☐	Ja, jeg spiller tennis.
3.	Hvornår?	c ☐	Det kan jeg heller ikke lide.
4.	Kan du også lide bordtennis?	d ☐	To gange om ugen.
5.	Og hvad med badminton?	e ☐	Om onsdagen og om fredagen.

Ergänzen Sie *ikke* an der passenden Stelle. Tipp: Satz 5 wie im Deutschen.

3. Eben nicht!

1. Jeg spiller bordtennis.
2. Jeg kan lide at cykle.
3. Om aftenen løber jeg.
4. På lørdag skal jeg på café.
5. Jeg glæder mig til kampen.

Welche Präposition gehört jeweils zu den Zeitangaben: *i*, *om* oder *på*? Vielleicht geht es ja auch mal ohne? Zur Not noch mal auf den Seiten 35, 37 und 43 nachlesen.

4. Lückenfüller

1. _____ fredagen spiller jeg fodbold.
2. Vi skal til koncert i Parken _____ aften.
3. Jeg har ikke tid _____ mandag.
4. Vil du med på café _____ søndag eftermiddag.
5. _____ vinteren sejler jeg ikke.

Und nun zu Ihnen. Erzählen Sie von sich! Tipp: Zur Vorbereitung können Sie sich auch Notizen machen.

5. Ich, ich, ich

1. Hvad hedder du?
2. Hvor bor du?
3. Hvad kan du lide?
4. Hvad kan du ikke lide?
5. Hvad glæder du dig til?

Nur ein Stück Stoff?

6

Einem rot-weißen Farbenmeer gleicht das Stadion in Kopenhagen bei Spielen der dänischen Nationalmannschaft. Die rot-weiße Nationalflagge, *Dannebrog* (wörtl.: rotes Flaggentuch), ziert dabei natürlich auch die Gesichter der Fans.

Im rot-weißen Ausnahmezustand befand sich am 26. Juni 1992 ganz Dänemark. Dieser Tag bleibt den meisten Dänen unvergesslich. Der Ausschluss des vom Bürgerkrieg geplagten Jugoslawien von der Fußballeuropameisterschaft 1992 führte zur Nachnominierung Dänemarks. Nach nur 10 Tagen Vorbereitung gelang den Außenseitern das Unglaubliche: Sie besiegten Deutschland im Finale mit 2:0 und wurden Europameister.

Unverzichtbar ist die dänische Flagge jedoch nicht nur im Sport. Ob persönliche Festtage wie Geburtsstage, ob Stadtfeste, Geschäftsjubiläen oder Feiertage wie Weihnachten – selten fehlt die dänische Flagge. Für Dänen gehört der *Dannebrog* bei Festlichkeiten einfach dazu.

Die rot-weiße Flagge hat natürlich auch Geburtstag. Am 15. Juni ist *Valdemarsdag*, offizieller Flaggentag. Benannt nach dem dänischen König Valdemar, der an diesem Tag im Jahre 1219 auf einem Kreuzzug gegen die Esten die Schlacht bei Tallin gewann. Der Sage nach fiel der *Dannebrog* vom Himmel, als die Dänen dabei waren zu verlieren. Mit Gottes Hilfe in Form der Flagge wurde die Schlacht jedoch gewonnen. Seitdem ist der *Dannebrog* für die Dänen halt mehr als nur ein einfaches Stück Stoff.

Fodboldsange
(Fußballlieder)
Neben der Nationalhymne ist seit der WM 1986 der Schlachtgesang *Vi er røde vi er hvide* (Wir sind rot, wir sind weiß) ein Klassiker. Der Text beschreibt den märchenhaften Erfolg des *Danish Dynamite*, indem die Dänen mit Märchenfiguren H.C. Andersens verglichen werden. Vertreten sind neben dem hässlichen Entlein und den tapferen Zinnsoldaten, der kleine und der große Klaus sowie die kleine Meerjungfrau.

Fußball-Einmaleins
et mål (ein Tor)
en dommer
(ein Schiedsrichter)
et straffespark
(ein Strafstoß)

7

Verlaufen

København

Im Jahre 1167 baute Bischof Absalon von Roskilde eine Burg, um den *Havn* (Hafen) vor Seeräubern zu schützen. Aufgrund der günstigen Handels- und Verkehrslage entwickelte sich der unbedeutende Fischerei- und Fährhafen schnell zu *Købmandens Havn* (Kaufmannshafen). Zu Zeiten der Hanse bekam die Stadt ihren endgültigen Namen: *København*.

Trianglen
Name eines Platzes im Stadtteil *Østerbro*

Kongens Have
= Rosenborg Slotshave
Beliebtester Park in Kopenhagen, angelegt von Christian IV. im Renaissancestil.

Bis zum Abendessen bei Lise hat Sandra noch einige Stunden Zeit. Also bummelt sie alleine durchs Zentrum. Später soll sie Bo am Trianglen-Platz treffen und mit ihm dann gemeinsam zu Lise gehen. Doch im Straßengewirr der Innenstadt hat sie die Orientierung verloren und ihren Stadtplan kann sie auch nicht finden. *Undskyld, kan du sige mig, hvordan jeg kommer til Trianglen?* (Entschuldigung, kannst du mir sagen, wie ich zum Trianglen komme?), fragt sie daher eine Passantin. Ausführlich erläutert die Dame den Weg zum Trianglen-Platz: *Du skal lige ud forbi Kongens Have. Og så skal du anden vej til højre, så igen lige ud forbi søen og så er du der.* (Du musst geradeaus am Königlichen Garten vorbei. Und dann musst du den zweiten Weg nach rechts, dann wieder geradeaus, am See vorbei und dann bist du da.). Oje, ob Sandra das alles behalten kann?
Sie kann. Seit einiger Zeit wartet sie nun schon am Trianglen auf Bo. Plötzlich klingelt ihr Handy. Besorgt fragt Bo: *Hvor er du henne?* (Wo bist du?), woraufhin Sandra etwas überrascht entgegnet: *Jeg står på Trianglen* (Ich stehe auf Trianglen). Verblüfft entgegnet Bo: *Det gør jeg også* (Das tue ich auch). Schnell lässt sich das Missverständnis aufklären. Sandra befindet sich auf dem *Lille Trianglen*, also auf dem Kleinen Trianglen-Platz. Bo lotst sie weiter: *Du skal videre lige ud, forbi søen og over krydset* (Du musst weiter geradeaus, am See vorbei und über die Kreuzung). *Vi ses om lidt* (Bis gleich), beendet Sandra das Gespräch und eilt los.

Undskyld, kan du sige mig ...?

7A

1/46

sige	sagen
mig	mir, mich
komme	kommen
til	zu, nach, in, an
lige ud	geradeaus
forbi	vorbei
Kongens Have	Königlicher Garten
en have	ein Garten
anden	zweite
en vej	ein Weg
højre	rechts
til	bis
en sø	ein See

■ Undskyld, kan du sige mig, hvordan jeg kommer til Trianglen?	Entschuldigung, kannst du mir sagen, wie ich zum Trianglen komme?
● Ja, du skal lige ud forbi Kongens Have.	Ja, du musst geradeaus am Königlichen Garten vorbei.
■ Forbi Kongens Have?	Am Königlichen Garten vorbei?
● Ja, og så skal du anden vej til højre.	Ja, und dann musst du den zweiten Weg nach rechts.
■ Anden vej til højre.	Den zweiten Weg nach rechts.
● Ja, og så igen lige ud til du kommer til søen.	Ja, und dann wieder geradeaus bis du an den See kommst.
■ Ok.	Okay.
● Så skal du forbi søen, og så er du der.	Dann musst du am See vorbei und dann bist du da.
■ Tak skal du have!	Vielen Dank!
● Selv tak.	Nichts zu danken.

til: u. a. zur Richtungsangabe (zu, nach, in):
*Hvordan kommer jeg **til** Kongens Have?* (Wie komme ich **zum** Königlichen Garten?)
til *dig* (**zu** dir)
til *Danmark* (**nach** Dänemark)
til *koncert* (**ins** Konzert)
til *søen* (**an** den See)

skulle (hier: müssen)
*Du **skal** lige ud.* (Sie müssen geradeaus.)

Richtungsangaben
lige ud (geradeaus)
til højre (nach rechts)
til venstre (nach links)

Achtung: ***vej*** (Weg) gehört zur Wegbeschreibung dazu:
*Du skal anden **vej** til højre* (wörtlich: Du musst den zweiten **Weg** nach rechts = Sie müssen die zweite rechts nehmen). 1/47

Ordnungszahlen
1. ***første***
2. ***anden***
3. *tre**dje***
4. ***fjerde***
5. *fem**te***
6. ***sjette***
7. *syv**ende***
8. *ot**tende***
9. *ni**ende***
10. *ti**ende***
11. *ellev**te***
12. *tolv**te***
13. bis 19.: + ***-de***
13. *tretten**de***
19. *nitten**de***
20. *tyv**ende***
30. *trediv**te***
31. *enogtrediv**te***

Anrede: Für Deutschsprachige klingt es etwas ungewohnt, aber in Dänemark duzt man auch Unbekannte.

Übungen

Nun sind Sie garantiert nicht mehr hilflos, falls Sie mal die Orientierung verlieren. Sprechen Sie nach.

1. Orientierung verloren?

▶ 1/48

Undskyld, hvordan kommer jeg til ***Trianglen****?*

1. Trianglen
2. Kongens Have
3. Amalienborg Slot
4. Den Lille Havfrue
5. Det Kongelige Teater

Eine Übung zum Aufwärmen. Einfach die passenden Wörter ergänzen.

2. Lückenfüller

ud – forbi – til – igen – til

1. Undskyld, hvordan kommer jeg ________ Amalienborg Slot?
2. Du skal lige ________ .
3. Og så er det tredje vej ________ højre.
4. Du skal ________ Det Kongelige Teater.
5. Så skal du ________ lige ud.

Stadtplan vergessen? Na und! Schließlich verstehen Sie ja die Richtungsangaben hilfsbereiter Dänen.

3. Rechts, links oder geradeaus?

1.	til højre	a ☐	nach links
2.	lige ud	b ☐	gerade aus
3.	til venstre	c ☐	die dritte links
4.	tredje vej til venstre	d ☐	am Hotel vorbei
5.	forbi hotellet	e ☐	nach rechts

Nach den Übungen 1 bis 3 bestimmt kein Problem, oder? Zur Not noch mal auf Seite 47 nachschlagen.

4. Übersetzen Sie

1. Können Sie mir sagen, wie ich zum Parken komme?
2. Ja, Sie müssen geradeaus bis Sie zum See kommen.
3. Dann müssen Sie am See vorbei.
4. Und dann müssen Sie die zweite links nehmen.

Weder zu früh noch zu spät abbiegen. Erinnern Sie sich noch an die Ordnungszahlen? Sprechen Sie vor und kontrollieren Sie mithilfe der Audios.

5. Mit Ordnungszahlen zum Ziel

▶ 1/49

Det er ***første*** *vej til højre.*

1. første
2. anden
3. tredje
4. fjerde
5. femte
6. sjette
7. syvende
8. ottende
9. niende
10. tiende

Hvor er du henne?

7 B

1/50

henne	hin (statisch)
stå	stehen
på	auf
venstre	links
en hånd	eine Hand
videre	weiter
hen ad	entlang
en gade	eine Straße
over	über
et kryds	eine Kreuzung
næste	nächste
vi ses	bis bald
om lidt	gleich

● Hej Sandra. Hvor er du henne?	Hallo Sandra. Wo bist du?
■ Jeg står på Trianglen.	Ich stehe auf Trianglen.
● Det gør jeg også.	Das tue ich auch.
■ Hm, her står „Lille Triangel".	Hm, hier steht „Lille Triangel".
● Ok., du ser søen på venstre hånd, ikke?	Okay, du siehst den See linker Hand, nicht wahr?
■ Jo, det gør jeg.	Ja, das tue ich.
● Du skal videre lige ud forbi søen.	Du musst weiter geradeaus am See vorbei.
■ Hen ad Østerbrogade?	Die Østerbrostraße entlang?
● Ja, og så skal du over krydset.	Ja, und dann musst du über die Kreuzung.
■ Og så?	Und dann?
● Det næste kryds er så Trianglen.	Die nächste Kreuzung ist dann Trianglen.
■ Fint. Vi ses om lidt.	Prima. Bis gleich.
● Ja, det gør vi. Hej.	Ja. Tschüss.
■ Hej.	Tschüss.

hen* oder *henne
1. Richtung/Bewegung:
hen (Kurzform):
*Hvor skal du **hen**?*
(Wo gehst du hin?)
2. Ort/Lage:
henne (Langform):
*Hvor er du **henne**?* (wörtl.: Wo bist du hin? = Wo bist du?)

Ortsangaben
på venstre hånd (linker Hand)
på højre hånd (rechter Hand)

Präpositionen
Ort, Raum, Richtung:
Du skal ... (Du musst, entspricht im Deutschen: Sie müssen)
*... **forbi** teatret* (am Theater vorbei)
*... **over** krydset* (über die Kreuzung)
*... **gennem** haven* (durch den Garten)
Teatret er ... (Das Theater ist ...)
*... **over for** slottet* (gegenüber dem/vom Schloss)
*... **ved siden af** slottet* (neben dem Schloss)
*... **ved** krydset* (an/bei der Kreuzung)

vi ses (bis bald, wörtl.: wir sehen uns)
vi ses på mandag
(bis nächsten Montag)
vi ses om lidt
(bis gleich)

Tipp: Prägen Sie sich Floskeln als Ganzes ein: *Vi ses på mandag* (Bis nächsten Montag).
Ja, det gør vi (Ja, das machen wir = ja).
Undskyld, kan du sige mig, ... (Entschuldigung, kannst du mir sagen, ...).
Jeg kan ikke lide at ... (Ich ... nicht gerne).

7 B

Übungen

... geradeaus und kreuz und quer. Na, dann mal los!

1. Sie müssen ...

▶ 1/51

Du skal ***hen ad Østerbrogade.***

1. hen ad Østerbrogade
2. videre lige ud
3. over krydset
4. tredje vej til højre
5. forbi Kongens Have

Ein Test?! Nein, natürlich nur eine kleine Vokabelübung. Hilfe finden Sie auf S. 49.

2. Vokabeltest

1. forbi ___________
2. hen ad ___________
3. over for ___________
4. over ___________
5. på højre hånd ___________

hen oder *henne*? Zugegeben, dieses Orts- bzw. Richtungsadverb ist etwas ungewöhnlich. Tipp: *hen* gibt Antwort auf die Frage „wohin?", *henne* auf die Frage „wo?".

3. Hin oder hin?

1. Hvor skal du ________?
2. Hvor bor du ________?
3. Hvor er du ________?
4. Du skal ________ ad Nørrebrogade.
5. Vi står ________ ved teatret.

Das kleine Einmaleins der Höflichkeit. Welche Erwiderung passt?

4. Nicht zu unterschätzen

1.	Vi ses om lidt.	a ☐	Tak skal du have.
2.	Tak skal du have.	b ☐	Selv tak.
3.	Velkommen til København!	c ☐	Ja, det gør vi.
4.	Værsgo.	d ☐	Ja?
5.	Undskyld!	e ☐	Tak.

Und noch einmal die Modalverben: *skal*, *vil*, oder *kan*? Das ist hier die Frage.

5. Müssen, wollen oder können?

1. Så _____ du lige ud ad Østerbrogade.
2. Jeg _____ gerne have to stykker smørrebrød.
3. _____ vi ikke til koncert i aften?
4. _____ du tale dansk?
5. Ved søen _____ du til højre.

7

Die gemütliche Metropole

Kopenhagen eine Metropole? In der Hauptstadt Dänemarks leben nur ca. 500.000 Einwohner auf einer Fläche von ca. 90 km^2. Und selbst der Großraum Kopenhagen zählt lediglich 1,6 Millionen Einwohner.

So mutet die dänische Hauptstadt dann auch eher klein und beschaulich an. Es sind vor allem die Gelassenheit und die interessante Mischung aus Tradition und Moderne, die den Charme Kopenhagens ausmachen.

In der beschaulichen Innenstadt mit den zahlreichen Postkartenmotiven läßt sich nachvollziehen, was Dänen mit dem Begriff *hyggelig* verbinden. Ein typisch dänisches Lebensgefühl, das auch Dänen als nationales Stereotyp betrachten. Wörtlich zu übersetzen ist dieser Begriff mit gemütlich, angenehm, nett und gut. Er meint aber auch geborgen, intim, trautes Heim, malerisch, niedlich.

Ob es an diesem Lebensgefühl liegt, dass die Dänen in Umfragen seit Jahren zu den glücklichsten Menschen Europas zählen, lässt sich vermutlich nicht abschließend klären. Viele verweisen auf den hohen Lebensstandard und das gute soziale Netz. Andere erklären das Phänomen mit den niedrigen Erwartungen der Dänen. Ferner darf spekuliert werden, ob nicht auch die Kunst der Dänen, den Wechselfällen des Lebens mit einer gehörigen Portion Selbstironie zu begegnen, zum nationalen Glücksgefühl beitragen. Wie auch immer, Kopenhagen mit seinem Charme ist mit Sicherheit eine Stippvisite wert.

Brokvarterene
(die Brückenviertel)

Rund um die Altstadt liegen die so genannten Brückenviertel, benannt nach den Brücken, die über die früheren Befestigungsgräben führen. Jedes Viertel hat sein eigenes Flair: das alternativ angehauchte und multikulturelle *Nørrebro*, das wohlhabende *Østerbro*, sowie *Vesterbro*, das sich mit zunehmender Sanierung zum Szeneviertel entwickelt. Südlich der Altstadt liegt *Christianshavn* mit dem Freistaat *Christiania*.

8

Kommt herein!

Tak for ...
(Danke für ...) gehört im Dänischen einfach zum guten Ton!
Diese feststehenden Wendungen sind obligatorisch:
- *Tak for invitationen!* (Danke für die Einladung!)
- *Tak for kaffe!* (Danke für den Kaffee!)
- *Tak for mad!* (Danke für das Essen!) Gehört auch im Alltag zu jeder gemeinsamen Mahlzeit.
- *Tak for i aften!* (Danke für den Abend!) Nach einem gemeinsamen Abend.
- *Tak for sidst!* (Danke fürs letzte Mal! = Es war schön!) Wenn man sich das nächste Mal begegnet, leitet man das Gespräch mit einem Dank für das letzte Beisammensein ein.

brune kartofler
(wörtl: braune Kartoffeln) süße gebratene Kartoffelknollen

Eilig machen sich Sandra und Bo auf den Weg zu Lise, die sich richtig über den Besuch freut: *Hej! Kom indenfor!* (Hallo! Kommt herein!), begrüßt sie ihre Gäste. Sandra weiß, was sich in Dänemark gehört: *Tak for invitationen!* (Vielen Dank für die Einladung!) und bedauert gleich ihre Verspätung: *Undskyld, vi kommer for sent* (Entschuldigung, wir kommen zu spät). Lise winkt ab: *Det gør ikke noget* (Das macht nichts). Doch Sandra ist es äußerst unangenehm: *Jo, jeg er meget ked af det* (Doch, es tut mir sehr leid), und sie berichtet von dem Missverständnis: *Jeg kunne ikke finde vej* (Ich konnte den Weg nicht finden). Lise hat Verständnis für solche Pannen: *Det er i orden* (Das ist in Ordnung).
Plaudernd genießen sie im Garten den lauen Sommerabend bei *flæskesteg med rødkål og brune kartofler* (Schweinebraten mit Rotkohl und süßen Kartoffeln). Sandra ist begeistert: *Flæskestegen smager rigtig godt* (Der Schweinebraten schmeckt richtig gut). *Vil du ikke godt give mig opskriften?* (Würdest du mir nicht bitte das Rezept geben?), bittet sie Lise, denn die knusprige Schwarte ist ihr so noch nie gelungen. Nach dem letzten Bissen lehnt sich Sandra zurück: *Tak for mad!* (Danke für das Essen!), sagt sie aus ganzem Herzen. Nach solch einem leckeren Mahl wundert sie sich gar nicht mehr über diese typisch dänische Floskel. *Velbekomme!* (Wohl bekomm's!), erwidert Lise und freut sich, dass es geschmeckt hat. In Erinnerungen schwelgend verbringen sie einen gemütlichen Abend.

Tak for invitationen!

8 A

1/52

indenfor	herein
for	für
en invitation	eine Einladung
for sent	zu spät
meget	sehr, viel
være ked af	leidtun
men	aber
finde	finden
i orden	in Ordnung
nu	jetzt
ude	draußen

● Hej! Kom indenfor!	Hallo! Kommt herein!
■ Tak for invitationen!	Vielen Dank für die Einladung!
● Selv tak.	Nichts zu danken.
■ Undskyld, vi kommer for sent.	Entschuldigung, wir kommen zu spät.
● Det gør ikke noget.	Das macht nichts.
■ Jo, jeg er meget ked af det, men jeg kunne ikke finde vej.	Doch, es tut mir sehr leid, aber ich konnte den Weg nicht finden.
● Det er i orden. Kom nu, vi sidder ude i haven.	Das ist in Ordnung. Kommt jetzt, wir sitzen draußen im Garten.

Imperativ
= Infinitiv ohne *e*:
have (haben) → ***hav!*** (hab!, habt!, haben Sie!)
Hav *det godt!*
(Mach's/Macht's gut!; wörtl.: Hab's/Habt's gut!)
komme (kommen) → ***kom!*** (komm!, kommt!, kommen Sie!)
Kom *indenfor!*
(Komm/Kommt herein!)
Hinweis: Konsonanten, die auf einen kurzen Vokal folgen, werden beim Zufügen von Endungen verdoppelt.

Die Konjunktion **dass** wird im Dänischen oft ausgelassen: *Undskyld, vi kommer for sent.* (Entschuldigung, **dass** wir zu spät kommen.)

Falsche Freunde:
finde (finden)
synes (finden, meinen)

Richtungs-/Ortsadverb *ud/ude*
1. *ud* (hinaus): Kurzform = **Bewegung**
Vi går ***ud*** *i haven.* (Wir gehen **hinaus** in den Garten.)
2. *ude* (draußen): Langform = **Ort**
Vi sidder ***ude*** *i haven.* (Wir sitzen **draußen** im Garten.)

Auf ***Tak for ...*** (Danke für ...) können Sie immer mit *Selv tak* (Nichts zu danken) antworten.
Auf ***Undskyld ...***(Entschuldigung ...) können Sie antworten: *Det gør ikke noget.* (Das macht nichts.) oder *Det er i orden.* (Das ist in Ordnung.)

8 A

Übungen

Tak ertönt es in Dänemark von allen Seiten. Dem wollen Sie in nichts nachstehen. *dag* kennen Sie von *goddag* oder *mandag*. Sprechen Sie nach.

1. Danke für ...

▶ 1/53

*Tak for **invitationen**!*

1. invitationen
2. i aften
3. i dag
4. kaffe
5. sidst

Hier fehlt der Imperativ. Nicht vergessen: Die Doppelkonsonanten gibt es nur beim Hinzufügen von Endungen!

2. Ergänzen Sie

1. ________ nu! (komme)
2. ________ det godt! (have)
3. ________ med mig! (danse)
4. ________ indenfor! (komme)
5. ________ det igen! (sige).

Die Sätze sind ein wenig durcheinander geraten. Bilden Sie sinnvolle Sätze.

3. Wortsalat

1. kommer – sent – jeg – undskyld – for
2. ikke – gør – det – noget
3. meget – jeg – ked – er – det – af
4. kunne – finde – ikke – jeg – vej
5. ude – sidder – vi – haven – i

ude, ud, henne oder *hen*? Denken Sie daran: wo? = lang, wohin? = kurz. Bei Problemen einfach auf den Seiten 49 und 53 nachlesen.

4. Wo oder wohin?

1. Vi sidder __________ i haven.
2. Kom med __________ i haven.
3. Han står __________ ved krydset.
4. Du skal __________ til krydset.
5. Hvor er du __________ ?

Klappt bestimmt schon ganz gut, oder? Und wie war das noch mit der Konjunktion „dass“ im Dänischen?

5. Übersetzen Sie

1. Entschuldigung, dass wir zu spät kommen.
2. Das macht nichts.
3. Doch, es tut mir sehr leid.
4. Ich konnte den Weg nicht finden.
5. Das ist in Ordnung. Wir sitzen draußen im Garten.

Tak for mad!

1/54

måtte	dürfen, müssen
bede om	bitten um
en rødkål	ein Rotkohl
brune kartofler	süße Kartoffeln
en flæskesteg	ein Schweinebraten
smage	schmecken
godt	hier: bitte
give	geben
en opskrift	ein Rezept
selvfølgelig	selbstverständlich
mad	Essen
Velbekomme!	Wohl bekomm's!

■ Må jeg bede om rødkålen og de brune kartofler?	Darf ich um den Rotkohl und die süßen Kartoffeln bitten?
● Ja. Værsgo.	Ja. Bitte schön.
■ Tak. Flæskestegen smager rigtig godt.	Danke. Der Schweinebraten schmeckt wirklich gut.
● Tak skal du have.	Vielen Dank.
■ Vil du ikke godt give mig opskriften?	Würdest du mir nicht bitte das Rezept geben?
● Jo, selvfølgelig.	Doch, selbstverständlich.
■ Tak for mad!	Vielen Dank für das Essen!
● Velbekomme!	Wohl bekomm's!

Modalverben
Bitte um Erlaubnis: ***måtte*** (dürfen)
***Må** jeg bede om vinen?*
(**Darf** ich um den Wein bitten?)
Immer wenn man bei Tisch um etwas bittet!

Bitten
mit der Konstruktion ***Vil du (ikke) godt*** ...? (Würdest du (nicht) **bitte** ...?)
*Vil du **godt** give mig opskriften?* (Würdest/Willst du mir **bitte** das Rezept geben?)
*Vil du **godt** sige det igen?* (Würdest/Willst du es **bitte** noch einmal sagen?)

Adverbien
Von Adjektiven abgeleitete Adverbien immer + Endung ***-t***:
god (gut, Adjektiv) → *godt* (gut, Adverb)
*Det smager **godt**.* (Es schmeckt **gut**.)
fin (prima, Adjektiv) → *fint* (prima, Adverb)
*Det går **fint**.* (Es geht **prima**.)

Am Ende des Essens bedankt man sich in Dänemark immer mit *Tak for mad!* (Danke für das Essen!). Die klassische Erwiderung: *Velbekomme!* (Wohl bekomm's!)

8 B

Übungen

Auch bei Tisch nicht sprachlos. Sprechen Sie nach – und immer schön höflich!

1. Darf ich bitten um …?

▶ 1/55

*Må jeg bede om **rødkålen**?*

1. rødkålen
2. vinen
3. juicen
4. kaffen
5. leverpostejen

Adjektive, die am Wortende ein *t* bekommen, verwandeln sich häufig in Adverbien. Hinweis: Für Speisen kann *dejlig* auch im Sinne von lecker verwendet werden.

2. Mit oder ohne t?

1. Flæskestegen smager _______. (god)
2. Det går _______. (fin)
3. Du taler vel nok _______ dansk. (god)
4. Hun synger meget _______. (smuk)
5. Kaffen smager _______. (dejlig)

Hier sollen Sie die Befehle jeweils in die höfliche Version mit *Vil du godt …?* umwandeln.

3. Immer schön höflich

▶ 1/56

*Vil du godt **give mig opskriften**?*

1. Giv mig opskriften!
2. Sig det igen!
3. Giv mig nøglerne!
4. Hent aviserne!
5. Hent kopperne!

Zur Abwechslung mal wieder eine kleine Übung zu den Modalverben. Sie haben die Wahl: *må*, *vil* oder *skal*? Zur Not hilft ein Blick in den Lösungsschlüssel.

4. Müssen, dürfen oder …?

1. _____ jeg bede om vinen?
2. _____ du godt sige det igen?
3. Du _____ lige ud.
4. _____ vi ikke se guldaldermalerne?
5. Jeg _____ gerne have to fadøl.

Wissen Sie noch, was man auf diese Höflichkeitsfloskeln am besten erwidert? Dann sind Sie in Sachen Takt und Umgangsformen bestens vorbereitet.

5. Was passt?

1. Tak for mad!	a ☐ Selv tak.
2. Undskyld!	b ☐ Det synes jeg også.
3. Tak for invitationen!	c ☐ Velbekomme.
4. Hvor er det dejligt!	d ☐ Ja, det gør vi.
5. Vi ses.	e ☐ Det gør ikke noget.

Gesellige Flüssigkeiten

8

Bier als Hauptnahrungsmittel der Dänen? Zu Zeiten der Hanse wurde der Gerstensaft als Getränk, als Biersuppe oder als Bierbrot tatsächlich in rauen Mengen zu sich genommen. Heutzutage ist *øl* (Bier) in Dänemark immer noch sehr beliebt und gehört zur Geselligkeit einfach dazu. So bringt es Dänemark auf etwa 150 verschiedene Biermarken. Tendenz steigend, denn im Trend liegen kleinere lokale Brauereien, auf deren Produkte häufig die Ortsansässigen schwören.

Hochprozentiges dagegen trinken die Dänen immer weniger. Dafür steigt seit Ende der 1970er-Jahre der Weinkonsum. Dennoch: Wenn nach einem reichhaltigen Essen oder auf Festen von *en lille en* (ein kleiner einer) die Rede ist, kommt bald ein Schnaps auf den Tisch.

Bei den alkoholfreien Getränken ist Kaffee das dänische Nationalgetränk schlechthin. Zwar wird zunehmend auch Tee getrunken, doch für einen Kaffee und ein Schwätzchen hat man immer Zeit. Traditionell trinken die Dänen vom frühen Morgen bis zum späten Abend Kaffee. Wundern Sie sich also nicht über eine Einladung zum *aftenkaffe* (Abendkaffee), der zwischen 20:00 und 22.00 Uhr nicht selten zusammen mit einem Stück Kuchen serviert wird.

Im Gegensatz zu den traditionellen Filterkaffeetrinkern bevorzugen „Genusskaffeetrinker" italienische Spezialitäten wie Espresso, Cappuccino und Co. Ob Bier oder Rotwein, Kaffee oder Tee – jeder darf in Dänemark nach seiner Fasson glücklich werden – *Bare det er hyggeligt!* (Wenn es nur gemütlich ist!).

***Skål!* (Prost!)**

Biersorten

– *pilsner* (Pils)

weniger Alkohol:

– *let øl* (Leichtbier)

– *lys øl* (helles Bier)

mehr Alkohol:

– *guldøl* (Goldbier)

– *luksusøl* (Luxusbier)

dunkel und malzig:

– *lagerøl* (Lagerbier)

– *hvedeøl* (Weizenbier)

Nicht zu vergessen die starken, mit Maibock vergleichbaren saisonalen Angebote:
julebryg (Weihnachtsbier)
påskebryg (Osterbier)

Hochprozentiges

Aalborg Akvavit: Klarer Kümmel, 45 %

Gammel Dansk: Magenbitter aus Kräutern, 38 %

T

Test 2

Nicht alles, was gedruckt wird, stimmt. Wenn Sie die Landeskundetexte sorgfältig gelesen haben, finden Sie sicher die richtigen Antworten.

1. Welche Antwort stimmt?

1. *Guldalderen* bezeichnet eine ...
   a ☐ Periode wirtschaftlichen Aufschwungs.
   b ☐ kulturelle Glanzperiode.
   c ☐ eine Zeit politischer Stabilität und Sicherheit.

2. *Louisiana* ist ...
   a ☐ der dänische Patron eines US-Bundesstaats.
   b ☐ der Name der neuen Oper in Kopenhagen.
   c ☐ ein Museum für moderne Kunst.

3. Bei der *Dannebrog* handelt es sich um ...
   a ☐ den Namen der dänischen Flagge.
   b ☐ die dänische Nationalhymne.
   c ☐ den Titel eines Märchens von H.C. Andersen.

4. Die dänische Hauptstadt hat ...
   a ☐ 5,6 Millionen Einwohner.
   b ☐ 250.0000 Einwohner.
   c ☐ 500.000 Einwohner.

5. Der Freistaat *Christiania* liegt im Kopenhagener Stadtteil ...
   a ☐ *Vesterbro.*
   b ☐ *Nørrebro.*
   c ☐ *Christianshavn.*

6. Wenn von einem *en lille en* die Rede ist, ...
   a ☐ wird zum *aftenkaffe* geladen.
   b ☐ gibt es einen kleinen Schnaps.
   c ☐ gibt es nur kleine Butterbrote.

Nun können Sie schon eine ganze Menge. Zeigen Sie's und finden Sie zu jedem Topf den passenden Deckel!

2. Fragen und Antworten

1. Skal vi ikke til koncert?	a ☐ På lørdag, klokken syv.
2. Hvornår?	b ☐ Ja, det gør jeg.
3. Kan du lide at sejle?	c ☐ Du skal lige ud.
4. Dyrker du sport?	d ☐ Jo, det lyder godt.
5. Hvor tit?	e ☐ Ja. Værsgo.
6. Hvordan kommer jeg til søen?	f ☐ Ja, det kan jeg godt.
7. Må jeg bede om vinen?	g ☐ Jeg står venne ved krydset.
8. Hvor er du henne?	h ☐ En gang om ugen.

3. Was fehlt?

Etwas für Grammatikfreaks! Grammatikmuffel wiederholen zur Not noch einmal die Hinweise in den Randspalten.

1. Skal vi ikke i teatret _____ morgen?
   a ☐ på
   b ☐ i
   c ☐ -

2. _____ tirsdag skal jeg til koncert.
   a ☐ På
   b ☐ I
   c ☐ -

3. Jeg spiller håndbold _____ onsdagen.
   a ☐ om
   b ☐ i
   c ☐ på

4. Så skal du lige _____ .
   a ☐ på
   b ☐ til
   c ☐ ud

5. Du skal _____ slottet.
   a ☐ over for
   b ☐ forbi
   c ☐ ved

6. Han står _____ ved teatret.
   a ☐ henne
   b ☐ hen
   c ☐ hen ad

4. Wie sagt man auf Dänisch?

Geschafft?! Na dann: Herzlichen Glückwunsch. Und auf zu neuen Lektionen.

1. Ich möchte gerne ins Theater.
2. Ich freue mich darauf, deine Schwester wiederzusehen.
3. Ich hoffe, du magst Fußball.
4. Entschuldigung, können Sie mir sagen, wie ich zum Schloss komme?
5. Würden Sie es bitte noch einmal sagen?
6. Darf ich um den Wein bitten?
7. Das macht nichts.
8. Danke fürs Essen!

9

Am Bahnhof

Bahnhofs-Einmaleins

en banegård: ein Bahnhof
en hovedbanegård: ein Hauptbahnhof
en station: eine Station

et spor: ein Gleis
en ankomst: eine Ankunft
en afgang: eine Abfahrt

en bus: ein Bus
et tog: ein Zug
en taxa: ein Taxi
en rutebil: ein Überlandbus
en metro: eine Metro
et s-tog: eine S-Bahn
en færge: eine Fähre
et fly: ein Flugzeug

Im Dänischen gibt es mehr Vokallaute als im Deutschen. Anfangs fällt die Unterscheidung schwer. Da hilft nur Geduld und viel Übung. Hören Sie die Dialoge und Ausspracheübungen so oft wie möglich.

Sandras Stippvisite in Kopenhagen neigt sich schon dem Ende zu. Heute muss sie sich daher um ihre Weiterfahrt zu Lene nach *Århus* kümmern. Auf dem Weg zum Bahnhof stöbert sie noch in einer Buchhandlung nach Reiseliteratur und entscheidet sich für Karen Blixens *Syv fantastiske Fortællinger* (Sieben phantastische Geschichten).
Am Bahnhof kauft Sandra *en enkeltbillet* (eine einfache Fahrkarte) und fragt nach einer Zugverbindung: *Hvornår går der et tog på lørdag, cirka klokken 13:00?* (Wann fährt ein Zug am Samstag, zirka um 13:00 Uhr?). Sie hat Glück: *Der afgår et tog klokken 13.15 fra spor to* (Es fährt ein Zug um 13:15 Uhr von Gleis zwei), erfolgt die prompte Antwort. *Skal jeg skifte?* (Muss ich umsteigen?), möchte Sandra noch wissen. Doch das ist nicht nötig.
Am nächsten Tag holt Bo Sandra vom Hotel ab und begleitet sie zum Bahnhof. Die Zeit verging viel zu schnell, finden beide. *Farvel og tusind tak for alt* (Auf Wiedersehen und tausend Dank für alles), verabschiedet sich Sandra am Bahnsteig, *det har været rigtig hyggeligt* (es war wirklich angenehm). Diese Überschwänglichkeit macht Bo fast verlegen: *Jeg skal forresten hilse dig fra Lise* (Ich soll dich übrigens von Lise grüßen), fällt ihm noch ein. Da ertönt auch schon das Abfahrtssignal. Sandra ruft Bo noch ein schnelles *Hav det godt!* (Mach's gut!) zu und schon schließen die Wagentüren. Bos *i lige måde* (gleichfalls) kann sie schon fast nicht mehr hören.

En enkeltbillet

9 A

1/57

en billet	eine Fahrkarte
en enkeltbillet	eine einfache Fahrkarte
en returbillet	eine Rückfahrkarte
tre hundrede og to	dreihundertundzwei
afgå	abfahren
et tog	ein Zug
cirka	zirka
fra	von, aus
et spor	ein Gleis
skifte	hier: umsteigen
det var så lidt	keine Ursache
farvel	auf Wiedersehen

■ Jeg vil gerne have en billet til Århus.	Ich hätte gern eine Fahrkarte nach Århus.
● Skal det være en enkelt- eller en returbillet?	Soll es eine einfache oder eine Rückfahrkarte sein?
■ En enkeltbillet.	Eine einfache Fahrkarte.
● Ok. Det bliver tre hundrede og to kroner.	O. k. Das macht dreihundertundzwei Kronen.
■ Værsgo. Hvornår går der et tog på lørdag, cirka klokken 13:00?	Bitte schön. Wann geht ein Zug nächsten Samstag, zirka um 13:00 Uhr?
● Der afgår et tog klokken 13:15 fra spor to. Så er du i Århus klokken 16:30.	Es fährt ein Zug um 13.15 Uhr von Gleis zwei. Dann bist du um 16:30 Uhr in Århus.
■ Skal jeg skifte?	Muss ich umsteigen?
● Nej, det skal du ikke.	Nein, das musst du nicht.
■ Tak skal du have. Farvel.	Vielen Dank. Auf Wiedersehen.
● Det var så lidt. Farvel.	Keine Ursache. Auf Wiedersehen.

Vokal *i*
1. **langes *i***: immer wie in **Wi**ese:
spise, vi, ti, bliver
2. **kurzes *i***: oft wie **e**, häufig vor Doppelkonsonanten sowie vor *n, m, k* und *g*: *ikke, lidt, vinter*

1/58

Zahlen über 100
102: *(et) hundrede (og) to*
275: *to hundrede (og) femoghalvfjerds*
946: *ni hundrede (og) seksogfyrre*
1000: *et tusind*
8698: *otte tusind seks hundrede (og) otteoghalvfems*

***der* als Subjektstütze:**
Bei **unbestimmten** Subjekten tritt ***der*** an die Position des Subjektes. Oft mit „es" zu übersetzen:
*Hvornår går **der** et tog til Århus?*
(Wann fährt ein Zug nach Århus?)
***Der** afgår et tog kl. 13:00.* (**Es** fährt ein Zug um 13:00 Uhr.)

Abkürzungen
ca. = *cirka* (zirka)
kr. = *kroner* (Kronen)
kl. = *klokken* (um ... Uhr)
nr. = *nummer* (Nummer)
f.eks. = *for eksempel* (zum Beispiel)
bl.a. = *blandt andet* (unter anderem)
pr. = *per* (pro)

Det var så lidt (Keine Ursache, wörtl.: Das war so wenig.)

9 A

Übungen

Damit Sie Ihren Zug auf keinen Fall verpassen, sollten Sie die offiziellen Zeitansagen beherrschen. Sprechen Sie nach.

1. Es fährt ein Zug um ...

1/59

*Der går et tog klokken **12:45**.*

1. 12:45
2. 09:53
3. 16:35
4. 07:03
5. 22:27

Hier geht es um Begriffe rund um den Bahnhof. Welche Wörter passen nicht in dieses Wortfeld?

2. Was passt nicht?

1. en billet
2. skifte
3. et spor
4. et kryds
5. afgang
6. et tog
7. gennem haven
8. en opskrift
9. en hovedbanegård
10. mad

Können Sie die Sätze ergänzen ohne lange zu überlegen? Sie wissen bereits, dass *eftermiddag* „Nachmittag“ bedeutet. Was heißt dann wohl *formiddag* in Satz 2?

3. Am Bahnhof

billet – skifte – i – der – spor

1. Jeg vil gerne have en __________ til Århus.
2. Hvornår går __________ et tog lørdag formiddag?
3. Der afgår et tog klokken 11:25 fra __________ to.
4. Du skal __________ i Odense.
5. Så er du __________ Århus klokken 13:15.

Sie sind immer noch am Bahnhof und müssen einem Landsmann beim Dolmetschen helfen. Hinweis: Achten Sie auf die veränderte Wortstellung im zweiten Satz.

4. Übersetzen Sie

1. Ich hätte gern eine Rückfahrkarte nach Kopenhagen.
2. Wann geht am Montagnachmittag ein Zug nach Skagen?
3. Es fährt ein Zug um 15:25 ab.
4. Muss ich umsteigen?
5. Ja, Sie müssen in Århus umsteigen.

Ein dänisches *i* ist nicht immer ein i, manchmal auch ein e! Die Aussprachehinweise sind nur Faustregeln. Es gibt leider zahlreiche Ausnahmen. Da hilft nur üben, üben und nochmals üben.

5. i oder e?

1/60

1. ikke
2. indenfor
3. bliver
4. lidt
5. billet
6. vi
7. spise
8. til
9. drikke
10. imponerende

Hav det godt!

9 B

1/61

tusind	tausend
alt	alles
det har været	es ist gewesen
hyggeligt	gemütlich, nett
forresten	übrigens
hilse	grüßen
hende	sie, ihr
det skal jeg nok	das werde ich machen
en tur	eine Fahrt/Reise
Hav det godt!	Mach's gut!
i lige måde	gleichfalls
hej-hej	tschüss

■ Farvel og tusind tak for alt!	Auf Wiedersehen und tausend Dank für alles.
● Selv tak!	Nichts zu danken!
■ Det har været rigtig hyggeligt.	Es war wirklich nett.
● Ja, det synes jeg også. Jeg skal forresten hilse dig fra Lise.	Ja, das finde ich auch. Ich soll dich übrigens von Lise grüßen.
■ Tak skal du have. Vil du også godt hilse hende fra mig?	Vielen Dank. Würdest du sie bitte auch von mir grüßen?
● Ja, det skal jeg nok. God tur!	Ja, das werde ich machen. Gute Fahrt!
■ Tak skal du have og hav det godt!	Vielen Dank und mach's gut!
● I lige måde. Hej.	Gleichfalls. Tschüss.
■ Hej-hej.	Tschüss.

Personalpronomen als Objekte
mig (mir, mich)
dig/Dem (dir, dich/Ihnen, Sie)
ham (ihm, ihn)
hende (ihr, sie)
os (uns)
jer (euch)
dem (ihnen, sie)

Tipp: Gute Nachricht: Es gibt bei den Personalpronomen keinen Unterschied zwischen Dativ und Akkusativ: *mig* (mir, mich), *dig/Dem* (dir, dich/Ihnen, Sie) usw.

Zusage, Versprechen:
Det skal jeg nok.
(wörtl.: Das werde ich machen. = Wird gemacht

i lige måde
(gleichfalls, wörtl.: in gleicher Weise)
auch: ***Tak i lige måde.***
(Danke gleichfalls.)

hyggeligt (gemütlich, nett, auch: lauschig, traut, bequem, heimelig, wohnlich)

forresten (übrigens)
Wenn einem gerade wieder etwas einfällt, das man vergessen hatte.

hej-hej = *hej* (tschüss) werden synonym beim Abschied verwendet

1/62 **Vokal *e***
1. langes *e*: fast immer wie **ee** oder **eh**: *det, se, sent, en*
2. **kurzes *e***: meist wie **e** in Bett: *fem, heller, den, hen, selv*

9 B

Übungen

Im Dänischen kann das *e* auch ohne nachfolgenden Doppelkonsonanten kurz sein.
Hören Sie und sprechen Sie nach.

1. Langes oder kurzes e?

1/63

1. en
2. hen
3. et
4. det
5. dem
6. sent
7. se
8. hente
9. tres
10. venstre

Oh je! Wie war das noch mit den Verbformen? Der Imperativ bekommt keine Endung, der Infinitiv ein *-e* und das Präsens ein *-(e)r*.

2. Ende gut, alles gut?

1. Hav_____ det godt!
2. Tak skal du hav_____.
3. Kom_____ indenfor!
4. Undskyld, jeg kom_____ for sent.
5. Jeg kan ikke kom______ i morgen.

Diese Frage ist im Dänischen zum Glück irrelevant. Sie brauchen nämlich nur eine Objektform zu lernen, und nicht zwei wie im Deutschen. In Satz 2 geht es nur um eine Person, in Satz 4 um mehrere.

3. Mir oder mich?

1. Jeg skal forresten hilse _______ fra Lene. (dich)
2. Vil du også godt hilse _______ fra mig. (sie)
3. Preben henter _______ fra banegården. (uns)
4. Jeg kan ikke se _______. (ihn)
5. Kan du se _______? De står henne ved krydstet. (sie)
6. Vil du godt give _______ opskriften? (mir)

Das Verabschieden in Dänemark gleicht einem Ritual. Haben Sie noch die passenden Erwiderungen parat?

4. Fit für den Abschied

1. Tusind tak for alt.	a ☐ Tak skal du have.
2. Det har været rigtig hyggeligt.	b ☐ Selv tak.
3. Hils Lise!	c ☐ I lige måde.
4. Hav det godt!	d ☐ Det synes jeg også.
5. God tur!	e ☐ Det skal jeg nok.

Magische Welten

9

Dänische Literatur entführt in magische Welten – das gilt auf alle Fälle für die international bekannten Autoren H. C. Andersen, Karen Blixen und Peter Høeg. Ihre Werke verbinden kultur- und existenzkritische Themen mit Mythischem.
Obwohl H.C. Andersen weltweit für seine Märchen berühmt ist, schrieb er in erster Linie für Erwachsene. Die Märchenform bildet lediglich den Rahmen für die mit Humor und Ironie durchsetzte Kritik an den bürgerlichen Normen. Sein poetischer Realismus sowie die Vielschichtigkeit der Deutungsebenen können meist nur von Erwachsenen erfasst werden.
Die Ablehnung bürgerlicher Konventionen und allegorisch-symbolistischer Stil zeichnen auch die Werke von Tania Blixen aus. Ihre Themen waren Identität, Maskierung und Schicksal. Bewusst knüpfte sie an mündliche Erzähltraditionen an. Als selbsternannte „Geschichtenerzählerin" zieht sie immer noch Leser in ihren Bann.
Heute erweitert Peter Høeg die bürgerliche Kritik von Andersen und Blixen zu einer Zivilisations- und Kulturkritik. Die Figuren seiner Prosa sind häufig zerrissene Existenzen, die an der Realität scheitern. Auch stilistisch folgt er mit Zügen des magischen Realismus, einer Mischung aus Realismus und phantastischer Erzählung, der Tradition.
Lassen Sie sich doch einmal von der mitreißenden dänischen Fabulierkunst in magische Realitäten entführen – ein Leseausflug, der sich lohnt.

H.C. Andersen
(1805 – 1875),
in Odense als Sohn eines armen Schuhmachers geboren. 1819 zog er nach Kopenhagen, um Schauspieler zu werden. 1828 machte er sein Abitur nach. Er veröffentlichte neben Märchen und Gedichten zahlreiche Reisebeschreibungen, die von seinem Lebensmotto *at rejse er at leve* (Reisen ist Leben) zeugen.

Karen Blixen
(1885 – 1962)
(Pseudonyme: Tania Blixen, Isak Dinesen),
lebte lange in Kenia und hatte dort eine Kaffeeplantage. Von ihrem Leben in Afrika schreibt sie in ihrem Erinnerungsbuch *Den afrikanske farm*.
Die Erzählungen schrieb sie auf Englisch und übertrug sie später ins Dänische.

10

Per Bus nach Hause

Århus:

- Mit knapp 300.000 Einwohnern die zweitgrößte Stadt Dänemarks.
- Mit ca. 40.000 Studierenden auch die „jüngste" Stadt Dänemarks.
- Gleichzeitig gilt *Århus* als die zweitälteste Stadt: Bereits im 8. Jahrhundert ließen sich Wikinger an der Flussmündung nieder. Im 10. Jahrhundert wurde *Århus* Bischofssitz und erhielt im Jahre 1441 Stadtrechte.

In *Århus* wartet Lene schon am Bahnhof. Sie freut sich riesig, Sandra endlich einmal wiederzusehen. Kennen gelernt haben sich die beiden als junge Erwachsene bei einem zweiwöchigen Sommerkurs auf der *Højskole på Kalø* (Heimvolkshochschule auf Kalø), wo Lene ihr Deutsch und Sandra ihr Dänisch verbessern wollten. Seitdem haben die beiden Kontakt gehalten. Doch nun ist der letzte Besuch bereits ein Weilchen her. *Hvor er det længe siden!* (Wie ist es lange her!), begrüßt Lene Sandra herzlich. *Hvordan var det i København?* (Wie war es in Kopenhagen?), fragt sie gleich neugierig. *Det var fantastisk* (Es war phantastisch), schwärmt Sandra, *Bo viste mig rundt* (Bo führte mich herum), *vi var til fodbold og vi mødte Lise* (wir waren beim Fußball und wir trafen Lise), sprudelt sie wie ein Wasserfall.

Noch während der Busfahrt berichtet Sandra begeistert von ihrem Kopenhagenaufenthalt und bedauert: *Det var en skam, du ikke kunne komme til København* (Es ist schade, dass du nicht nach Kopenhagen kommen konntest). Das findet Lene auch: *Men jeg kunne ikke få ferie* (Aber ich konnte keinen Urlaub bekommen). *Havde du meget arbejde?* (Hattest du viel Arbeit?), fragt Sandra nach. *Ja, i onsdags og i torsdags arbejdede jeg over* (Ja, letzten Mittwoch und letzten Donnerstag habe ich Überstunden gemacht), aber Lene ergänzt erleichtert: *Men i går blev jeg færdig.* (Aber gestern wurde ich fertig). Einem entspannten Kurzurlaub steht also nichts mehr im Wege.

Det var fantastisk

▶ 1/64

længe	lange
længe siden	lange her
det var	es war
fantastisk	phantastisch
vise rundt	herumführen, zeigen
I så	ihr saht
et landshold	eine Nationalmannschaft
vi gjorde	wir taten, machten
Danmark	Dänemark
Danmark spillede	Dänemark spielte
du mødte	du trafst
til middag	zum Mittag-, Abendessen
hos	bei

● Hej Sandra. Hvor er det længe siden!	Hallo Sandra. Wie ist es lange her!
■ Ja, ikke?	Ja, nicht wahr?
● Hvordan var det i København?	Wie war es in Kopenhagen?
■ Det var fantastisk. Bo viste mig rundt.	Es war phantastisch. Bo führte mich herum.
● Dejligt.	Schön!
■ Og vi var til fodbold.	Und wir waren beim Fußball.
● Så I landsholdet?	Saht ihr die Nationalmannschaft?
■ Ja, det gjorde vi. Danmark spillede rigtig godt.	Ja, das machten wir. Dänemark spielte wirklich gut.
● Ja, ikke? Mødte du Lise?	Ja, nicht wahr? Trafst du Lise?
■ Ja, i Parken, og vi var til middag hos hende.	Ja, im Parken, und wir waren zum Essen bei ihr.

Präteritum
1. *-ede*
*jeg spil**ler*** (ich spiele)
→ *jeg spil**lede*** (ich spielte)
*du sej**ler*** (du segelst)
→ *du sej**lede*** (du segeltest)
2. *-te*
*han vi**ser*** (er zeigt)
→ *han vis**te*** (er zeigte)
*hun mø**der*** (sie trifft)
→ *hun mød**te*** (sie traf)
Leider gibt es keine Regel, ob *-ede* oder *-te* angefügt werden muss.
3. unregelmäßig
vi er (wir sind)
→ *vi **var*** (wir waren)
I ser (ihr seht)
→ *I **så*** (ihr saht)

Präteritum immer dann, wenn von einem in der Vergangenheit abgeschlossenen Zeitpunkt oder Zeitraum die Rede ist. Entspricht im Deutschen oft dem Perfekt, deshalb besser nicht wörtlich übersetzen. Auch beim Präteritum bleibt die Endung immer gleich.

middag (Mittag-, Abendessen) bezeichnet die warme Mahlzeit des Tages.

hos (bei) nur bei Personen:
***hos** hende* (bei ihr)
***hos** Lise* (bei Lise)

▶ 1/65 **Vokal *o***
1. langes *o*: immer wie o in Ofen: *Bo, to, god, jo*
2. kurzes *o*: fast immer wie o in hoffen: *godt, slot, kommer, klokken, kop*
Tipp: z. B. immer bei Doppelkonsonanten

10 A

Übungen

Das klingt nach Freizeitstress. Nehmen Sie sich trotzdem die Zeit und sprechen Sie nach. Achten Sie vor allen Dingen auf das weiche *d* bei der Präteritumsendung *-ede*. Hinweis zu 1.: Im Dänischen fahren die Fähren nicht, sie segeln.

1. Was hast du gestern gemacht? ▶ 1/66

*Jeg **sejlede med færgen**.*

1. sejlede med færgen
2. cyklede
3. hentede Lise
4. spillede fodbold
5. kiggede på København

Hier ist Ihr Instinkt gefragt. In der linken Spalte stehen Infinitive, rechts die entsprechenden Präteritumsformen, die allerdings allesamt unregelmäßig sind.

2. Was passt?

1.	se	a ☐	havde
2.	have	b ☐	var
3.	være	c ☐	gik
4.	gå	d ☐	så
5.	gøre	e ☐	gjorde

Ergänzen Sie die Präteritumsformen. Aber passen Sie auf, *være*, *se* und *komme* sind unregelmäßig. **Hinweis**: Auch bei den regelmäßigen Verben muss man die passende Endung mitlernen. (s. Wörterliste S. 160 ff.)

3. Gestern ...

1. Vi __________ til fodbold. (være)
2. Han __________ en håndboldkamp. (se)
3. De __________ tennis. (spille)
4. Han __________ tre stykker smørrebrød. (spise)
5. Hun __________ for sent. (komme)

Lassen Sie sich in dieser Übersetzung nicht verwirren. Abgeschlossene Vorgänge erzählen die Dänen nicht im Perfekt, sondern konsequent im Präteritum.

4. Was hat Sandra letzte Woche gemacht?

1. Wir haben uns Kopenhagen angeschaut.
2. Wir haben Smörrebröd gegessen.
3. Wir haben die Maler des goldenen Zeitalters gesehen.
4. Wir waren beim Fußball im Parken.
5. Wir haben Lise getroffen.

Man kann es leider – außer bei Doppelkonsonanten – nicht am Schriftbild erkennen, da hilft nur zuhören und nachplappern. Tipp: Der Vokal in *kom* → *kommer* bleibt auch ohne Endung kurz.

5. Langes oder kurzes o? ▶ 1/67

1.	kom	6.	mod
2.	to	7.	os
3.	god	8.	hos
4.	godt	9.	stol
5.	slot	10.	kold

Det var en skam!

10 B

1/68

Det var en skam!	Schade!
du kunne	du konntest
få	bekommen
en ferie	ein Urlaub
du havde	du hattest
et arbejde	eine Arbeit
i onsdags	letzten Mittwoch
i torsdags	letzten Donnerstag
arbejde over	Überstunden machen
i går	gestern
jeg blev	ich wurde
blive	werden, bleiben
færdig	fertig

■ Det var en skam, du ikke kunne komme til København.	Es ist schade, dass du nicht nach Kopenhagen kommen konntest.
● Ja, det synes jeg også, men jeg kunne ikke få ferie.	Ja, das finde ich auch, aber ich konnte keinen Urlaub bekommen.
■ Havde du meget arbejde?	Hattest du viel Arbeit?
● Ja, i onsdags og i torsdags arbejdede jeg over.	Ja, letzten Mittwoch und letzten Donnerstag machte ich Überstunden.
■ Åh nej!	Oh nein!
● Men i går blev jeg færdig.	Aber gestern wurde ich fertig.
■ Har du så ferie nu?	Hast du dann jetzt Urlaub?
● Ja, det har jeg.	Ja, das habe ich.
■ Fantastisk.	Phantastisch.

Zeitbestimmungen Vergangenheit
1. oft ***i*** + ***-s***:
Wochentage:
***i** mandags* (letzten Montag)
***i** tirsdags* (letzten Dienstag)
***i** onsdags* (letzten Mittwoch)
...
Tageszeiten etc.:
***i** forgårs* (vorgestern)
***i** morges* (heute Morgen)
***i** eftermiddags* (heute Nachmittag)
2. nur *i*
***i** går* (gestern)
***i** nat* (letzte Nacht)
Hinweis: Zeitbestimmungen der Vergangenheit = **Signalwörter** für **Präteritum**, da sie auf einen bestimmten Zeitpunkt oder Zeitraum verweisen.

Det var en skam! (Schade!, wörtl.: Es **war** schade!) Hier wird häufig die Vergangenheit verwendet, obwohl es um die Gegenwart geht.

Achtung: *så* (dann) und das Präteritum *så* von *se* (sehen) werden zwar gleich geschrieben, aber unterschiedlich ausgesprochen.

1/69 **Vokal *u*:**
1. langes *u*: immer wie u in Ufer: *du* (du), *hun* (sie), *uge* (Woche), *nu* (jetzt)
2. kurzes *u*: wie u in unter; vor *-n* und *-m* und oft vor *-f*, *-g*, *-k*: *nul* (null), *nummer* (Nummer), *smuk* (schön, hübsch), *undskyld* (Entschuldigung)

Übungen

Nach so viel Arbeitsstress haben Sie etwas Entspannung verdient: Gemütlich zurücklehnen und die Zeitbestimmungen der Vergangenheit nachsprechen.

1. Nachgeplapper

1/70

*Vi havde meget arbejde **i går**.*

1. i går
2. i forgårs
3. i torsdags
4. i fredags
5. i morges

Nur eine Präteritumsform ist richtig. Wissen Sie noch, welche?
Tipp: In der Wörterliste gibt die erste Endung das Präteritum an.

2. Sah oder sehte?

1.	have	a ☐ havde
		b ☐ havte
2.	se	a ☐ seede
		b ☐ så
3.	blive	a ☐ blev
		b ☐ blivede
4.	arbejde	a ☐ arbejdte
		b ☐ arbejdede

Sie wissen bestimmt noch, welche Erwiderung passt. Anderenfalls hilft nur das Wiederholen der letzten beiden Lektionen.

3. Klassische Reaktionen

1. Det var en skam.	a ☐ Tak i lige made.
2. Hvor er det længe siden!	b ☐ Det synes jeg også.
3. Hav det godt!	c ☐ Ja, det gør vi.
4. Hils Bo!	d ☐ Ja, ikke også.
5. Vi ses.	e ☐ Det skal jeg nok.

i, *på* oder *om*? Das ist hier die Frage. Zugegeben, überhaupt nicht logisch. Aber das sind Präpositionen ja selten.

4. Lückenfüller

1. Sandra så guldaldermalerne _____ torsdags.
2. Skal vi ikke til koncert _____ lørdag?
3. Han går til fodbold _____ tirsdagen.
4. _____ går arbejdede Lene over.
5. Hun vil gerne i teatret _____ morgen aften.

Ganz schön verwirrend diese Vokale, und die Aussprachehinweise sind leider auch nur Faustregeln. Da hilft lediglich genaues Zuhören und Nachahmen.

5. Langes oder kurzes u?

1/71

1. du	6. nul
2. hun	7. nu
3. nummer	8. smuk
4. uge	9. undskyld
5. kunne	10. ude

Für das Leben lernen wir

10

Wer die dänische Identität verstehen möchte, kommt an Nikolai Frederik Severin Grundtvig (1783 – 1872) nicht vorbei. Grundtvigs Kirchenlieder gehören zum Allgemeingut – auch Dänen, die selten in die Kirche gehen, können sich Weihnachten oder Hochzeiten ohne einen Vers Grundtvigs nicht vorstellen. Die größte Wirkung entfaltete er jedoch als Pädagoge.
Grundtvigs Vision, die Bevölkerung zu selbstbewussten und mündigen Bürgern zu erziehen, sollte der Demokratie in Dänemark den Weg ebnen. Zur Umsetzung seiner Ziele gründete er 1844 die erste *højskole* (Heimvolkshochschule). Seine revolutionären Ideen standen in starkem Kontrast zu den damaligen elitären Lateinschulen. In der *højskole* bildeten nämlich Gespräche und Dänisch die Grundlagen des Unterrichts.
Heute gibt es rund 80 *højskoler*. An diesen freien Internatsschulen für Erwachsene gibt es keine Prüfungen oder Lehrpläne. Das Angebot reicht von sozial- und gesellschaftspolitischen Fächern bis hin zu Sport, Theater oder Sprachen. Die Dauer der Kurse variiert vom einwöchigen Sommerkurs bis zu langen zwölfmonatigen Kursen. Gemeinsam sind allen *højskoler* die Prinzipien Grundtvigs: lebendige Begegnungen, fruchtbare Gespräche sowie ein starkes Mitbestimmungsrecht der Kursteilnehmer.
Die charakteristische Fähigkeit der Dänen, im sozialen und politischen Miteinander Kompromisse und einen Konsens zu finden, hat Grundtvig zweifelsohne entscheidend mitgeprägt.

Kinderbetreuung
Normalerweise gehen dänische Eltern arbeiten und die Kinder in:
- *vuggestue* (Krippe): ab 6 Monate bis 3 Jahre
- *børnehave* (Kindergarten): für 3- bis 6-Jährige
- *børnehaveklasse* (Vorschule): für 6- bis 7-Jährige
- *fritidshjem* (Hort): für 6- bis 14-Jährige vor und nach der Schule

Schule
In Dänemark gehen alle Kinder für 9 bzw. 10 Jahre in die *folkeskole* (Grundschule). Anschließend kann man für 3 Jahre das *gymnasium* (Gymnasium) besuchen.

11

Gemütlicher Abend

Der Film ***„Adams Æbler"*** (Adams Äpfel, 2005) von Anders Thomas Jensen mit Søren Ulrich Thomsen und Mads Mikkelsen in den Hauptrollen ist eine trockene und sympathische Komödie für alle, die schwarzem Humor und skurrilen Situationen nicht abgeneigt sind.

PH-Lampe (1925)
vom Designer Poul Henningsen (1894 – 1967), ihr spiralförmiger Schirm erinnert an einen Kreisel.

Arne Jacobsen (1902 – 1971)
dänischer Architekt und Designer

Arla Foods
schwedisch-dänischer Molkereikonzern mit Sitz in Viby bei Århus. Produziert z. B. Buko.

Nach der Busfahrt zu Lene machen sie es sich erst einmal bei einer Tasse Kaffee gemütlich. Sandra fühlt sich sofort heimisch. Ihrer Meinung nach verstehen die Dänen es, sich stilvoll und gemütlich einzurichten. Typisch dänisch fehlen auch bei Lene weder Designklassiker wie eine PH-Lampe noch jede Menge Kerzen. Und ja, das ist *en Arne Jacobsen-stol* (ein Arne-Jacobsen-Stuhl), bestätigt Lene auf Sandras Frage hin.

Doch Lene lässt Sandra nicht viel Zeit zum Verschnaufen. Voller Urlaubstatendrang schmiedet sie Pläne: *Har du nogensinde set en dansk film i biografen?* (Hast du jemals einen dänischen Film im Kino gesehen?), fragt Lene. *Nej, det har jeg aldrig* (Nein, das habe ich nie), gibt Sandra zu. Lene schlägt gleich *en film med Mads Mikkelsen* (ein Film mit Mads Mikkelsen) für den nächsten Abend vor. Sandra ist begeistert, Mads Mikkelsen gilt als hervorragender Schauspieler und hat sie schon in *Adams Æbler* (Adams Äpfel) überzeugt.

Kurz darauf machen sie sich an die Essensvorbereitung und plaudern derweil über Gott und die Welt. Lene, die für den Molkereikonzern Arla arbeitet, berichtet ausführlich von ihrem letzten Projekt. *Hvor længe har du egentlig arbejdet hos Arla?* (Wie lange arbeitest du eigentlich bei Arla?), fragt Sandra. *I tre år* (Seit drei Jahren), antwortet Lene, und sie ist *meget glad for det* (sehr froh darüber). Bei einer Flasche Wein verbringen sie in Erinnerungen schwelgend einen gemütlichen Abend.

Har du nogensinde ...?

11 A

2/1

nogensinde	jemals
du har set	du hast gesehen
en film	ein Film
i biografen	im/ins Kino
aldrig	nie
nå	na
en idé	eine Idee
gå	hier: laufen
et æble	ein Apfel
sjov	lustig

■ Er det en Arne Jacobsen-stol?	Ist das ein Arne-Jacobsen-Stuhl?
● Ja, den er smuk, ikke?	Ja, der ist schön, nicht?
■ Jo, det synes jeg også.	Ja, das finde ich auch.
● Har du nogensinde set en dansk film i biografen?	Hast du jemals einen dänischen Film im Kino gesehen?
■ Nej, det har jeg aldrig.	Nein, das habe ich nie.
● Nå, skal vi så ikke i biografen i morgen aften?	Na, wollen wir dann nicht morgen Abend ins Kino gehen?
■ Jo, det er en god idé. Hvad går der?	Doch, das ist eine gut Idee. Was läuft?
● En film med Mads Mikkelsen.	Ein Film mit Mads Mikkelsen.
■ Var han ikke også med i „Adams Æbler"?	War er nicht auch in „Adams Äpfel" dabei?
● Jo, har du set filmen?	Doch, hast du den Film gesehen?
■ Ja, to gange. Den er sjov, synes jeg.	Ja, zweimal. Er ist lustig, finde ich.

Perfekt
1. *-ede* → *har* + *-et*
*jeg spill**ede*** (ich spielte)
→ *jeg **har** spill**et*** (ich habe gespielt)
*du sejl**ede*** (du segeltest)
→ du ***har** sejl**et*** (du bist gesegelt)
2. *-te* → *har* + *-t*
*han vis**te*** (er zeigte)
→ *han **har** vis**t*** (er hat gezeigt)
*hun mød**te*** (sie traf)
→ *hun **har** mød**t*** (sie hat getroffen)
3. unregelmäßig
vi er (wir sind) → *vi **var*** (wir waren) → *vi **har været*** (wir sind gewesen)
I ser (Ihr seht) → *I **så*** (ihr saht) → *I **har set*** (ihr habt gesehen)
Verwendung:
Immer wenn **allgemein** von der **Vergangenheit** die Rede ist und Zeitpunkte nicht definiert sind.

Signalwörter für Perfekt
nogensinde (jemals),
aldrig (nie): *Jeg har **aldrig** set en dansk film.* (Ich habe noch **nie** einen dänischen Film gesehen.)
tit (oft): *Jeg har **tit** været i biografen.* (Ich bin **oft** im Kino gewesen.)

Genitiv-*s* wie im Deutschen:
Adams Æbler (Adams Äpfel)

Dänische Filme und Bücher können Sie in der *Dansk Centralbibliotek for Sydslesvig* (Dänische Zentralbibliothek für Südschleswig) auch per Fernleihe entleihen. Fangen Sie doch einfach mal mit Kinderfilmen und Kinderbüchern an. Infos: **www.dcbib.de**

11 A

Übungen

Wenn nicht, dann haben Sie ja noch einiges vor. Aber zunächst einmal hören und nachsprechen.
Hmh, Sie kennen *Grønland* nicht? Dann setzen Sie mal *grøn* (grün) und *land* (Land) zusammen.

1. Hast du jemals ...?

2/2

Har du nogensinde ***set Adams Æbler?***

1. set Adams Æbler
2. været i Grønland
3. set Den Lille Havfrue
4. været i Parken
5. spist et stykke smørrebrød

Immer diese kleinen Wörter, die man sich so schwer merken kann. Einige davon dienen aber auch als Signalwörter fürs Perfekt, sind also nicht ganz unbedeutend.

2. Was passt?

1. nogensinde	a ☐	auch nicht
2. aldrig	b ☐	wieder
3. tit	c ☐	jemals
4. heller ikke	d ☐	nie
5. igen	e ☐	oft

Hier haben Sie jeweils drei Formen in einer Reihe: Grundform – Präteritum – Perfekt. Leider fehlt die Perfektendung oder – wenn es sich um ein unregelmäßiges Verb handelt – sogar die komplette Perfektform. Ergänzen Sie.

3. Endung gut, alles gut

1. spille – spillede – har spill_____
2. vise – viste – har vis_____
3. være – var – har __________
4. se – så – har __________
5. spise – spiste – har spis_____
6. kigge – kiggede – har kigg_____

Wie gehen die Sätze richtig zu Ende? Finden Sie auf Anhieb die Perfektformen?

4. Qual der Wahl

1. Jeg har aldrig	a ☐	så en dansk film.
	b ☐	set en dansk film.
2. Har du nogensinde	a ☐	været i England?
	b ☐	var i England?
3. Hvor tit har du	a ☐	mødt Lise?
	b ☐	mødte Lise?
4. Jeg har aldrig	a ☐	sejlet.
	b ☐	sejlede.

I tre år

11 B

▶ 2/3

hvor længe	wie lange
egentlig	eigentlich
arbejde	arbeiten
i	seit, für
et år	ein Jahr
være glad for	gefallen, froh sein
huske	erinnern
på universitetet	an der Universität
England	England
i overmorgen	übermorgen

■ Hvor længe har du egentlig arbejdet hos Arla?	Wie lange arbeitest du eigentlich bei Arla?
● I tre år.	Seit drei Jahren.
■ Er du glad for det?	Bist du froh darüber?
● Ja, meget. Forresten, jeg skal hilse dig fra Preben. Kan du huske ham?	Ja, sehr. Übrigens, ich soll dich von Preben grüßen. Kannst du dich an ihn erinnern?
■ Ja, I gik på universitetet sammen, ikke?	Ja, ihr gingt zusammen an die Universität, nicht?
● Jo, han boede i England i to år, men nu bor han igen i Århus.	Ja, er hat zwei Jahre in England gewohnt, aber nun wohnt er wieder in Århus.
■ Nå!	Aha!
● Vi skal mødes i overmorgen.	Wir treffen uns übermorgen.
■ Fint.	Prima.

Perfekt oder Präteritum?
1. Perfekt für **noch andauernde Perioden:**
***Hvor længe har** du **arbejdet** hos Arla?* (**Wie lange arbeitest** du bei Arla?)
*Jeg **har arbejdet** hos Arla **i tre år**.* (Ich **arbeite seit 3 Jahren** bei Arla.)
2. Präteritum für **abgeschlossene Perioden:**
*Vi **gik** sammen på universitetet.* (Wir **gingen** zusammen an die Universität.)
*Han **boede** i England **i to år**.* (Er **hat zwei Jahre** in England **gewohnt**.)

Präposition bei Zeiträumen
Für Zeiträume immer ***i*** (seit, für):
*Jeg har boet i Hamborg **i fem år**.* (Ich wohne **seit fünf Jahren** in Hamburg.)
*Jeg boede i Hamborg **i fem år**.* (Ich habe **fünf Jahre** in Hamburg gewohnt; wörtl.: **für** fünf Jahre)

*du **husker** ham*
(du erinnerst **dich an** ihn, wörtl.: du erinnerst ihn)

gik: Präteritum zu *gå* (gehen)

Achtung anders: **Perfekt** für noch andauernde Perioden: Wie im Englischen, im Deutschen oft Präsens!
Präteritum für abgeschlossene Perioden: Im Deutschen oft Perfekt!

Übungen

Sprechen Sie die Perfektfragen nach und achten Sie besonders auf das weiche *d* in den *et*-Endungen. Welche Fragen müssen im Deutschen im Präsens erscheinen, welche im Perfekt?

1. Wie lange … ?

▶ 2/4

Hvor længe har du ***arbejdet hos Arla?***

1. arbejdet hos Arla
2. boet i København
3. talt med Preben
4. været i Århus
5. spillet fodbold

Überlegen Sie zuerst, ob die a- und b-Sätze eine abgeschlossene oder eine noch andauernde Periode beschreiben. Dann entscheiden Sie jeweils, ob der Perfekt- oder der Präteritumsatz passt.

2. Perfekt oder Präteritum?

1.	Bodil bor i Århus.	a ☐	Hun har boet i Århus i tre år.
		b ☐	Hun boede i Århus i tre år.
2.	Bo arbeider hos Lego.	a ☐	Hun arbejdede i 5 år hos Arla.
		b ☐	Hun har arbejdet i 5 år hos Arla.
3.	Sandra er i Århus.	a ☐	Hun var i Århus i en dag.
		b ☐	Hun har været i Århus i en dag.
4.	Nu er Sandra i Århus.	a ☐	Hun var i København i en uge.
		b ☐	Hun har været i København i en uge.

Bilden Sie Sätze. Achtung: Die Verben sind immer im Infinitiv angegeben und müssen umgeformt werden. Zur Not noch mal den Dialog auf Seite 75 lesen.

3. Wortsalat

1. huske – kunne – du – Preben – ?
2. bo – han – to – England – i – i – år
3. bo – igen – men – i – nu – Århus – han
4. længe – arbeide – hvor – hos – Arla – du – ?
5. tre – i – år

Und wieder das bekannte Spiel mit den temporalen Präpositionen. Hier geht es um *i* und *på*.

4. Lückenfüller

1. Hun har arbejdet hos Arla _____ fem år.
2. Han arbejdede i England _____ tre år.
3. _____ går var vi i biografen.
4. De skal til koncert _____ fredag.
5. Hun var i København _____ søndags.

Ei, Schwan und Ameise

Dänisches Design – da denken viele in erster Linie an Möbel. Nicht zuletzt das Multitalent Arne Jacobsen hat dänisches Design weltweit bekannt gemacht. Angefangen bei Architektur und Möbeln, aber auch Lampen, Aschenbecher, Tapeten, Türgriffe und Geschirr: Er entwarf alles, was die Sinne erfreut. In vielen dänischen Haushalten sitzt man auf *Myren* (die Ameise, 1950), dem Inbegriff des schlichten, funktionalen, stapelbaren Stuhls. Und Sessel wie *Ægget* (das Ei, 1958) und *Svanen* (der Schwan, 1958) avancierten schon zu Jacobsens Lebzeiten zu Klassikern und begehrten Sammlerobjekten. Eine Kostprobe gefällig? Kein Problem: Mit dem SAS Royal Hotel in Kopenhagen hat Jacobsen das erste Designhotel der Welt innen und außen komplett gestaltet. Eines der Zimmer ist auch heute noch in unverändertem Zustand, und in der Hotellobby können Sie im *Ægget* und im *Svanen* Probe sitzen.
Ebenso wie Arne Jacobsen gilt auch Poul Henningsen als einer der Pioniere des dänischen Funktionalismus. Am bekanntesten sind seine nach ihm benannten PH-Lampen (1925). Die zahlreichen verschiedenen Modelle, die helles Licht geben ohne zu blenden, sind aus dänischen Wohnungen und Büros kaum wegzudenken. Architektonisch ist mittlerweile nicht länger Funktionalismus, sondern Postmodernismus angesagt. Verwendet werden häufig Stahl und Glas, wie zum Beispiel der Erweiterungsbau der Königlichen Bibliothek in Kopenhagen, *Den Sorte Diamant* (Der Schwarze Diamant, 1999, Schmidt, Hammer & Lassen), und die dänische Botschaft in Berlin (1999, 3XNielsen) zeigen.

Dänische Bauwerke im Ausland

- St. Catherine's College, Oxford, 1964 (Arne Jacobsen)
- Oper von Sydney, 1959 bis 1973 (Jörn Utzon)
- Universität Trondheim 1978 (Henning Larsen)
- Kunstsammlung Nordrhein-Westfalen, Düsseldorf, 1986 (Dissing + Weitling)
- Grönlands Kulturhaus, Godthåb (Nuuk), 1997 (Schmidt, Hammer & Lassen)

12

Diskussion im Café

Filme mit Untertiteln
Ausländische Filme werden in Dänemark weder fürs Kino noch fürs Fernsehen synchronisiert, sondern mit Untertiteln versehen. Die einzige Ausnahme bilden Kinderfilme. Sicherlich einer der Gründe, warum Dänen generell recht gut Englisch sprechen.

Heute sind Lene und Sandra mit Preben verabredet. Plaudernd sitzen sie in einem Café. *Hvad lavede I i går?* (Was habt ihr gestern gemacht?), fragt Preben. *Vi så filmen med Mads Mikkelsen* (Wir haben den Film mit Mads Mikkelsen gesehen), berichtet Sandra begeistert. Der war ganz nach ihrem Geschmack: *sjov, men alligevel ikke overfladisk* (lustig, aber trotzdem nicht oberflächlich). Am meisten freut sie: *Og jeg forstod næsten alt* (Und ich habe fast alles verstanden). Denn bisher hat sie dänische Filme lediglich auf DVD gesehen. Die kann man ja zur Not mehrmals schauen. Probleme hatte sie nur mit einer Filmfigur, einem Schweden. Zu dem gab's zwar dänische Untertitel, *men det er vi jo ikke vant til i Tyskland* (aber daran sind wir in Deutschland ja nicht gewöhnt), stellt sie fest.
Und schon sind sie mittendrin in einer lebhaften Diskussion über Kinofilme. Sandra ist ein eingefleischter Fan der so genannten „Dogmafilme": *Jeg kan godt lide dogmefilm* (Ich mag Dogmafilme). Preben ist da wegen der technischen Mängel ganz anderer Meinung: *Det kan jeg ikke, fordi billederne tit er for dårlige* (Die mag ich nicht, weil die Bilder oft zu schlecht sind). Als Fan von Effekten bevorzugt er Action- und Sciencefictionfilme. *De er kedelige* (Die sind langweilig), meint Sandra. „Dogmafilme" verzichten zwar auf Effekte, *men det gør ikke noget, fordi skuespillerne tit er rigtig gode* (aber das macht nichts, weil die Schauspieler oft richtig gut sind).

Var den god?

12 A

▶ 2/5

lave	machen
allerede	schon
endnu	noch
alligevel	trotzdem
overfladisk	oberflächlich
forstå	verstehen
næsten	fast
kun	nur
svært	schwierig
en svensker	ein Schwede, eine Schwedin
en undertekst	ein Untertitel
nem	einfach, leicht
være vant til	gewöhnt sein an
Tyskland	Deutschland

● Hvad lavede I i går?	Was habt ihr gestern gemacht?
■ Vi var i biografen.	Wir waren im Kino.
● Hvad så I?	Was habt ihr gesehen?
■ Filmen med Mads Mikkelsen. Har du allerede set den?	Den Film mit Mads Mikkelsen. Hast du ihn schon gesehen?
● Nej, ikke endnu. Var den god?	Nein, noch nicht. War er gut?
■ Ja, jeg synes den var fantastisk: sjov, men alligevel ikke overfladisk.	Ja, ich finde, er war phantastisch: Lustig, aber trotzdem nicht oberflächlich.
● Det lyder godt.	Das klingt gut.
■ Og jeg forstod næsten alt. Det var kun lidt svært med svenskeren.	Und ich habe fast alles verstanden. Es war nur etwas schwierig mit dem Schweden.
● Var der ikke undertekster?	Gab es keine Untertitel?
■ Jo, men det er jo ikke nemt. Det er vi jo ikke vant til i Tyskland.	Doch, aber das ist ja nicht leicht. Daran sind wir in Deutschland ja nicht gewöhnt.

Adjektive (prädikativ)
1. Grundform bei ***en***-Wörtern:
*Film**en** var **god**.* (Der Film war gut.)
Den** var **sjov. (Er war lustig.)
2. *t*-Form bei ***et***-Wörtern:
Det** var svær**t. (Es war schwierig.)
*Slott**et** er smuk**t***. (Das Schloss ist schön.)

Es gibt nicht zu allen Adjektiven eine *t*-Form, z. B. *lille* (klein). Angaben zu den Adjektivendungen stehen in der alphabetischen Wortliste bei den jeweiligen Grundformen.

Signalwörter Perfekt
allerede (schon):
*Har du **allerede** set den?*
(Hast du ihn **schon** gesehen?)
*Jeg har **allerede** spist.*
(Ich habe **schon** gegessen.)

Achtung, einige unregelmäßige Verben enden im Infinitiv nicht auf *-e*: *forstå* (verstehen), *gå* (gehen), *stå* (stehen)

Nationalitäten
en svensker (ein/e Schwede/in)
en dansker (ein/e Däne/in)
en tysker (ein/e Deutsche/r)
en nordmand (ein/e Norweger/in)

Verb + Präposition
være vant til (gewöhnt sein an)

12 A

Übungen

Ein gelungener Kinofilm bringt Sie ins Schwärmen und entlockt Ihnen lauter *en*-Sätze mit Adjektiven in prädikativer Stellung.
Sagen Sie, wie toll der Film war!!!

1. Ein voller Erfolg

▶ 2/6

*Jeg synes, filmen var **god**.*
1. god
2. sjov
3. fin
4. fantastisk
5. smuk

Können Sie sich noch an die passenden Präpositionen erinnern? Am besten immer zusammen mit den Verben lernen. Eine Logik sucht man hier nämlich vergeblich.

2. Ergänzen Sie

1. Vi er ikke vant _____ undertekster.
2. Hun er ked _____, at hun kommer for sent.
3. Lene er meget glad ______ sit arbejde.
4. Sandra glæder sig _____ at møde Preben.
5. Hvad synes du _____ filmen?

Im Deutschen gibt es keinen Unterschied bei prädikativen Adjektiven. Können Sie trotzdem die richtige Adjektivform ergänzen?

3. Gut oder gut?

1. Filmen var _______ (sjov).
2. Wienerbrødet var _______ (god).
3. Aftenen var meget _______ (hyggelig).
4. Hotelværelset var også ________ (hyggelig).
5. Amalienborg Slot er _________ (smuk).

Zur Not noch mal den Dialog auf Seite 79 lesen.

4. Lückenfüller

endnu – næsten – allerede – alligevel – måske
1. Har du __________ set filmen?
2. Nej, ikke __________.
3. Den var sjov, men __________ ikke overfladisk.
4. Og jeg forstod __________ alt.
5. ________ skal jeg se den igen.

De er kedelige

2/7

en dogmefilm	ein Dogmafilm
fordi	weil
et billede	ein Bild
dårlig	schlecht
hvad slags	welche Art
en actionfilm	ein Actionfilm
altid	immer
det samme	das Gleiche
derfor	darum, deshalb
kedelig	langweilig
en effekt	ein Effekt
en skuespiller	ein Schauspieler

■ Jeg kan godt lide dogmefilm.	Ich mag Dogmafilme.
● Det kan jeg ikke, fordi billederne tit er for dårlige.	Die mag ich nicht, weil die Bilder oft zu schlecht sind.
■ Hvad slags film kan du lide?	Welche Art Filme magst du?
● Actionfilm.	Actionfilme.
■ Det er altid det samme. Derfor er de kedelige, synes jeg.	Das ist immer das Gleiche. Darum sind sie langweilig, finde ich.
● Jeg kan godt lide effekter. De er der ikke i dogmefilm.	Ich mag Effekte. Die gibt es in Dogmafilmen nicht.
■ Ja, men det gør ikke noget, fordi skuespillerne tit er rigtig gode.	Ja, aber das macht nichts, weil die Schauspieler oft richtig gut sind.

Adjektive (prädikativ)
***e*-Form** bei Plural:
*Billede**rne** er dårlig**e**.* (Die Bilder sind schlecht.)
***De** er kedelig**e**.* (Sie sind langweilig.)

Begründungen
1. *derfor* (darum)
Det er altid det samme.
***Derfor** er de kedelige.* (Es ist immer das Gleiche. **Darum** sind sie langweilig.)
2. *fordi* (weil)
*Det gør ikke noget, **fordi** skuespillerne er gode.* (Das macht nichts, **weil** die Schauspieler gut sind.)

Satzadverbien wie *ikke* (nicht), *også* (auch), *tit* (oft), *altid* (immer) stehen in **Nebensätzen** zwischen Subjekt und Verb (s. Grammatik S. 159):
Im Hauptsatz: ***Billederne er tit** for dårlige.* (**Die Bilder sind oft** zu schlecht.)
Im Nebensatz: ..., *fordi **billederne tit er** for dårlige.* (wörtl.: ..., weil **die Bilder oft sind** zu schlecht)
***Skuespillerne er tit** gode.* (**Die Schauspieler sind oft** gut.
..., *fordi **skuespillerne tit er** gode.* (wörtl.: ..., weil **die Schauspieler oft sind** gut.)

2/8 Aussprache: **Vokal *å***
1. langes *å*: *på* (auf), *måske* (vielleicht), *i lige måde* (gleichfalls), *må* (darf), *gå* (gehen)
2. kurzes *å*: meist wie h**o**ffen: *så* (dann), *hånd* (Hand), *nå* (na, aha)
Gleicher Laut wie beim kurzen *o*: *du kommer* (du kommst), *godt* (gut), *kop* (Tasse)
3. vor *-r*: immer wie in *du går* (du gehst), *du står* (du stehst), *i går* (gestern)

Übungen

Argumentieren leicht gemacht! Mit *fordi* ... (weil ...) bleiben Sie in Diskussionen nicht sprachlos. Dafür üben Sie bitte hier das überzeugende Nachsprechen.

1. Das macht nichts, weil ...

2/9

Det gør ikke noget, fordi ***skuespillerne er rigtig gode.***

1. skuespillerne er rigtig gode
2. billederne er smukke
3. effekterne er gode
4. filmen er sjov
5. billederne er fantastiske

Welche Adjektivform müssen Sie einsetzen: Grundform, *t*-Form oder *e*-Form?

2. Jedem das Seine

1. Jeg synes, at dogmefilm tit er __________ (god).
2. Men billederne er næsten altid __________ (dårlig).
3. Ja, måske, men skuespillerne er __________ (fantastisk).
4. Men i filmen var de __________ (dårlig).
5. Og den var heller ikke __________ (sjov).

Ergänzen Sie *tit* (oft) in den Haupt- oder Nebensätzen. Es ist natürlich nur jeweils eine Position richtig. Wissen Sie noch welche? Hilfe gibt's auf den Seiten 81 und 43.

3. Ergänzen Sie, aber wo?

1. Hun _____ ser _____ actionfilm i biografen.
2. Han kan ikke lide dem, fordi de _____ er _____ kedelige.
3. Derfor går _____ han _____ ikke med i biografen.
4. Hun _____ kommer _____ for sent.
5. Hun kommer for sent, fordi hun _____ ikke kan _____ finde vej.

Wandeln Sie die Hauptsätze in Nebensätze um. Gar nicht so schwer: Sie müssen nur an die veränderte Position der Satzadverbien denken. Tipp: Die Satzadverbien sind fett gedruckt.

4. Macht gar nichts

Det gør ikke noget, fordi ***skuespillerne tit er rigtig gode****.*

1. Skuespillerne er **tit** rigtig gode
2. Preben kommer **også** for sent.
3. Jeg har **allerede** set filmen.
4. Jeg har **allerede** spist.
5. Jeg er **også** lidt træt.

Von Klamauk bis Dogma

Eingefleischte Dänemarkfans schwören auf die 14 Kriminalkomödien der *Olsen-banden* (Die Olsenbande, 1968 – 1998) von Erik Balling, in denen sich drei Kleinkriminelle dank ihres Erfindungsreichtums gegen Großkapital und Verbrechersyndikate behaupten und nebenbei noch durch den großen Coup reich werden wollen.
Doch der dänische Film bietet nicht nur Klamauk, sondern auch große Literaturverfilmungen wie *Babettes gæstebud* (Babettes Fest, 1987) von Gabriel Axel oder Bille Augusts preisgekrönten Film *Pelle erobreren* (Pelle, der Eroberer, 1987) nach dem gleichnamigen Roman von Martin Andersen Nexø. Dieses sozialhistorische Epos spielt auf einem Gutshof am Ende des 19. Jahrhunderts und schildert in imposanten Bildern das harte Landarbeiterleben eines Vaters und seines Sohns.
Neben Bille August hat auch Lars von Trier den dänischen Film mit internationalen Koproduktionen geprägt. Besonders beeindruckt hat er mit der Umsetzung der Themen Sexualität und Religion im Melodram *Breaking the waves* (1996).
Zusammen mit Thomas Vinterberg formulierte Lars von Trier 1995 das künstlerische Manifest „Dogma 95“, das eine Low-Budget-Filmästhetik vorschreibt. Mit ihrem „Keuschheitsgelübde“ verzichten die Filmemacher auf filmtechnische Effekte zugunsten realistischen Erzählens. Das Ziel ist, die Geschichte und die Figuren in den Vordergrund zu rücken. Dieses provokante filmische Prinzip wurde zu einem immensen kommerziellen Erfolg, der auch mit internationalen Preisen belohnt wurde.

Filme – historisch
Schon vor dem ersten Weltkrieg produzierte die Firma *Nordisk Film* Stummfilme. Als bedeutendster Regisseur der damaligen Zeit gilt Carl Theodor Dreyer (1889 – 1968). Die bekannteste Schauspielerin ist Asta Nielsen (1881 – 1972).

Dänische Filmpreise
Bodil (seit 1948)
wird zu Anfang des Jahres vom Verband der dänischen Filmkritiker verliehen.
Robert (seit 1984)
Preis der dänischen Filmakademie, der im Rahmen des Robert-Festivals vergeben wird.

Bekannte Dogmafilme
Thomas Vinterberg: *Festen* (Das Fest, 1998)
Søren Kragh-Jacobsen: *Mifunes sidste sang* (Mifune, Dogma III, 1999)
Lars von Trier: *Idioterne* (Idioten, 1998)

T Test 3

Kleiner Test zu Kunst und Kultur. Wenn Sie diese Fragen beantworten können, brauchen Sie keine Fachsimpeleien über dänische Kultur zu fürchten.

1. Welche Antwort stimmt?

1. Karen Blixen war ...
   a ☐ eine bekannte Märchenfigur.
   b ☐ eine bekannte Schriftstellerin.
   c ☐ eine bekannte Schauspielerin.

2. Nikolai Frederik Severin Grundtvig war ...
   a ☐ ein renommierter Architekt.
   b ☐ ein berühmter Regisseur.
   c ☐ ein Multitalent und Gründer der *højskoler*.

3. Arne Jacobsen ist bekannt für ...
   a ☐ Sessel wie *Ægget* und *Svanen*.
   b ☐ seine PH-Lampen.
   c ☐ die Türklinken in der Königlichen Bibliothek.

4. Die Oper von Sydney entwarf ...
   a ☐ Arne Jacobsen
   b ☐ Poul Henningsen
   c ☐ Jørn Utzon

5. Wie heißt Bille Augusts preisgekrönter Film?
   a ☐ Babettes Fest
   b ☐ Pelle, der Eroberer
   c ☐ Breaking the waves

6. Bei *Festen* und *Idioterne* handelt es sich um ...
   a ☐ Kriminalkomödien mit der Olsenbande.
   b ☐ die ersten Dogmafilme.
   c ☐ Märchen H.C. Andersens.

Kein Problem, oder? Wenn Sie gut weiterlernen, sind Sie hoffentlich auch nie um eine passende Antwort verlegen.

2. Fragen und Antworten

1. Hvornår går der et tog?	a ☐ Ja, det skal jeg nok.
2. Vil du godt hilse hende fra mig?	b ☐ Ja, to gange.
3. Mødte du Lise?	c ☐ Klokken 13:15 fra spor to.
4. Har du set filmen?	d ☐ Dogmefilm.
5. Hvad går der?	e ☐ I tre år.
6. Hvor længe har du været der?	f ☐ Ja, det gjorde jeg.
7. Hvad slags film kan du lide?	g ☐ Vi var i teatret.
8. Hvad lavede I i går?	h ☐ En dansk actionfilm.

3. Was fehlt?

Oh je, das volle Programm: Von Subjektstützen über Pronomen, Präpositionen und Verben bis hin zu Adjektiven. Falls Sie Eselsbrücken brauchen, studieren Sie die Randspalten der letzten Lektionen noch einmal.

1. Hvornår går _____ et tog på lørdag?
   a ☐ den
   b ☐ det
   c ☐ der

2. Vil du godt hilse _____ fra mig?
   a ☐ ham
   b ☐ han
   c ☐ hun

3. Vi var til middag _____ hende.
   a ☐ hos
   b ☐ til
   c ☐ på

4. _____ tirsdags arbejdede jeg over.
   a ☐ På
   b ☐ Om
   c ☐ I

5. Landsholdet __________ rigtig godt i fredags.
   a ☐ spillede
   b ☐ har spillet
   c ☐ skal spille

6. Filmen var sjov_.
   a ☐ e
   b ☐ -
   c ☐ t

4. Wie sagt man auf Dänisch?

Nun kommen Sie am Bahnhof zurecht, beherrschen die wichtigsten Redemittel der Höflichkeit und können sich über Filme austauschen. Na, wenn das nichts ist!

1. Ich hätte gern eine Fahrkarte nach Århus.
2. Es war wirklich nett.
3. Mach's gut.
4. Danke gleichfalls.
5. Wie ist es lange her!
6. Schade!
7. Hast du jemals einen dänischen Film gesehen?
8. Welche Art Filme magst du?

13

Shopping

tøj (Kleidung)
en frakke (ein Mantel)
en jakke (eine Jacke)
et jakkesæt (ein Anzug)
et slips (eine Krawatte)
en sweater (ein Pullover)
en skjorte (ein Hemd)
en bluse (eine Bluse)
en nederdel (ein Rock)
en kjole (ein Kleid)
et par bukser (ein Paar Hosen)
et par sko (ein Paar Schuhe)
et par støvler (ein Paar Stiefel)

farver (Farben)
blå (blau)
brun (braun)
grøn (grün)
grå (grau)
gul (gelb)
hvid (weiß)
rød (rot)
sort (schwarz)

Nach einem ausgiebigen Frühstück machen sich Sandra und Lene auf den Weg in die Stadt. Morgen Abend sind sie bei Lenes Vetter Leif zum 40. Geburtstag eingeladen. Daher steht heute Shoppen auf dem Programm: Ein Geschenk für Leif und ein Kleid für Sandra. Das Geschenk ist schnell besorgt. Gerade ist ein neuer illustrierter Band zur dänischen Geschichte erschienen – genau das Richtige für den Hobbyhistoriker Leif.
Mit Sandras neuem Outfit geht es nicht ganz so zügig: *Jeg kunne godt tænke mig en rød kjole* (Ich hätte gern ein rotes Kleid), meint sie. Schnell hat Lene welche gefunden: *Se! Her er nogle røde kjoler* (Sieh mal! Hier sind einige rote Kleider), und Sandra verliebt sich auf den ersten Blick in ein elegantes Modell. *Vil du ikke prøve den?* (Willst du es nicht anprobieren?), fragt Lene. *Jo* (Doch), Sandra ist Feuer und Flamme.
Den er flot, synes jeg (Es ist schick, finde ich), ruft Lene begeistert. Doch Sandra ist nicht recht zufrieden: *Er den ikke lidt for lang?* (Ist es nicht etwas zu lang?). Dem kann Lene zwar nicht zustimmen, aber sie hat sofort eine Alternative parat: *De sorte var ellers også pæne* (Die schwarzen waren sonst auch hübsch). Und schon ist sie auf dem Weg: *Jeg henter en i størrelse 40* (Ich hole eins in Größe 40). Das gefällt Sandra deutlich besser. *Jo, den klæder dig rigtig godt* (Doch, es steht dir wirklich gut), bestätigt Lene, *den skulle du tage* (das solltest du nehmen).

En rød kjole

13 A

2/10

kunne tænke mig	hätte gern
rød	rot
en kjole	ein Kleid
sort	schwarz
et bælte	ein Gürtel
nogle	einige
prøve	anprobieren
hvad	hier: welche
en størrelse	eine Größe
bruge	verwenden, gebrauchen, brauchen
mangle	fehlen

■ Jeg kunne godt tænke mig en rød kjole med et sort bælte.	Ich hätte gern ein rotes Kleid mit einem schwarzen Gürtel.
● Se! Her er nogle røde kjoler.	Sieh mal! Hier sind einige rote Kleider.
■ Den her er smuk, synes jeg.	Dies ist schön, finde ich.
● Ja, vil du ikke prøve den?	Ja, willst du es nicht anprobieren?
■ Jo.	Doch.
● Hvad størrelse bruger du?	Welche Größe brauchst du?
■ Størrelse 40. Nu mangler jeg kun et bælte.	Größe 40. Jetzt fehlt mir nur noch ein Gürtel.
● Hvad med det her?	Wie wäre es mit diesem?
■ Det prøver jeg også.	Den probiere ich auch an.

Adjektive (attributiv)
Vor unbestimmten Substantiven:
1. Grundform bei *en*-Wörtern:
*en **rød** kjole* (ein rotes Kleid)
*en **smuk** kjole* (ein schönes Kleid)
2. *t*-Form bei *et*-Wörtern:
*et rød**t** bælte* (ein roter Gürtel)
*et smuk**t** bælte* (ein schöner Gürtel)
3. *e*-Form bei Plural:
*to rød**e** kjoler* (zwei rote Kleider)
*to smuk**ke** bælter* (zwei schöne Gürtel)

Jeg kunne godt tænke mig ...
Ich möchte/hätte gern ...
(wörtl. Ich könnte mir gut ... vorstellen.)
Für realistische und unrealistische Wünsche.

nogle (einige) + unbestimmte Pluralform: *Jeg vil gerne have **nogle** æbler* (Ich möchte gern Äpfel, wörtl.: Ich möchte gern **einige** Äpfel).

jeg mangler = *jeg har ikke* (mir fehlt)

hvad (was)
Hier in der Bedeutung von „welche", verkürzte Form von ***Hvad for en** størrelse bruger du?* (**Was für eine** Größe brauchst du?)

nogle (einige) wie some im Englischen, wird im Deutschen oft nicht übersetzt: ***nogle** æbler* (**einige** Äpfel = Äpfel)

13 A

Übungen

Wunschkonzert: Alles ist erlaubt! Sagen Sie einfach, was Sie gerne hätten. Vielleicht planen Sie dabei schon Ihre nächste Shoppingtour.

1. Ich hätte gern ...

2/11

*Jeg kunne godt tænke mig **en rød kjole**.*

1. en rød kjole
2. et gråt bælte
3. et par brune bukser
4. en blå nederdel
5. et par sorte støvler

Grundform, *t*-Form oder *e*-Form? Welche Adjektivendung muss es sein? Hinweis: Ein Paar sind natürlich immer zwei!

2. Ende gut, alles gut

1. Jeg kunne godt tænke mig en gul____ nederdel.
2. Her er nogle gul____ nederdele.
3. Jeg mangler også et blå____ slips.
4. Hvad med et par sort_____ sko?
5. Nej, jeg vil hellere have et par brun_____ støvler.

Im Singular fehlen hier die unbestimmten Artikel. Und vor Nomen im Plural braucht man im Gegensatz zum Deutschen ein unbestimmtes Pronomen.

3. Ergänzen Sie

1. Jeg kunne godt tænke mig ______ blå kjole.
2. Her er ______ kjoler.
3. Hvad med _____ sort bælte.
4. Nej, jeg vil hellere have _____ gråt bælte.
5. Her er ______ smukke bælter.

Zur Not noch mal auf Seite 87 nachschlagen.
Achtung: Denken Sie auch an die Personalpronomen *den* und *det*.

4. Übersetzen Sie

1. Ich hätte gern einen schwarzen Anzug.
2. Hier sind schwarze Anzüge.
3. Dieser ist schön, finde ich.
4. Ja, den probiere ich an.
5. Welche Größe brauchst du?

Und noch einmal die Zahlen. Auch für die passende Konfektionsgröße nicht ganz unwichtig.

5. Welche Größe?

2/12

*Jeg bruger størrelse **seksogtredive**.*

1. 36
2. 38
3. 40
4. 42
5. 44
6. 46
7. 48
8. 52
9. 54
10. 56

Den klæder dig rigtig godt

13 B

2/13

flot	schick, toll
lang	lang
ellers	sonst
pæn	hübsch, schön
dyr	teuer
tro	glauben, vermuten
skulle	sollte, solltest usw.
bedre	besser
end	als
klæde	kleiden, stehen

● Den er flot, synes jeg.	Es ist schick, finde ich.
■ Er den ikke lidt for lang?	Ist es nicht etwas zu lang?
● Det synes jeg ikke. Men de sorte var ellers også pæne.	Das finde ich nicht. Aber die schwarzen waren sonst auch hübsch.
■ Var de ikke for dyre?	Waren die nicht zu teuer?
● Nej, det tror jeg ikke.	Nein, das glaube ich nicht.
■ Nå, måske skulle jeg så prøve en sort kjole alligevel.	Na, vielleicht sollte ich dann trotzdem ein schwarzes Kleid anprobieren.
● Jeg henter en i størrelse 40.	Ich hole eins in Größe 40.
■ Den er bedre end den røde kjole, ikke?	Es ist besser als das rote Kleid, oder?
● Jo, den klæder dig rigtig godt.	Doch, es steht dir wirklich gut.
■ Og den er heller ikke for lang.	Und es ist auch nicht zu lang.
● Nej, den skulle du tage, synes jeg.	Nein, das solltest du nehmen, finde ich.
■ Ja, det gør jeg også.	Ja, das mache ich auch.

Adjektive (attributiv)
Bei bestimmten Substantiven immer die *e*-Form:
1. *en*-Wörter:
*den rø**de** kjole* (das rote Kleid)
*den smuk**ke** kjole* (das schöne Kleid)
2. *et*-Wörter:
*det rø**de** bælte*
(der rote Gürtel)
*det smuk**ke** bælte*
(der schöne Gürtel)
3. Plural:
*de rø**de** kjoler*
(die roten Kleider)
*de smuk**ke** bælter*
(die schönen Gürtel)

Ratschläge
*Du **skulle** tage den sorte kjole.* (Du **solltest** das schwarze Kleid nehmen.)

Komparativ
god/godt (gut)
→ ***bedre*** (besser):
*Den er **god**.* (Es ist gut.)
*Den er **bedre**.* (Es ist besser.)

Vergleiche
immer mit ***end*** (als):
*Den er **bedre end** den røde kjole.* (Es ist **besser als** das rote Kleid.)

tror oder ***synes***?
Vermutung: *tror* (glauben)
Meinung: *synes* (meinen)

Die bestimmten Artikel *den* und *det* nur bei vorangestellten Attributen (vgl. S. 21 und S. 18): ***Den røde** kjole er flot* (**Das rote** Kleid ist schick). Sonst Substantiv + unbestimmter Artikel: ***Kjolen** er flot* (**Das** Kleid ist schick).

Übungen

Qual der Wahl. Shopping kann auch anstrengend sein. Hier können Sie sich allerdings zurücklehnen und nachsprechen.

1. Besser als ...

2/14

***Den** er bedre end **den røde kjole**.*

1. den røde kjole
2. det sorte slips
3. de brune støvler
4. den grønne frakke
5. den hvide skjorte

Nur eine Reaktion passt. Aber Sie wissen bestimmt noch welche.

2. Glauben oder meinen?

1. Den er smuk.	a ☐ Det synes jeg også. b ☐ Det tror jeg også.
2. Er den ikke for lang?	a ☐ Det tror jeg ikke. b ☐ Det synes jeg ikke.
3. Var den ikke for dyr?	a ☐ Det tror jeg ikke. b ☐ Det synes jeg ikke.
4. Actionfilm er kedelige.	a ☐ Det tror jeg også. b ☐ Det synes jeg ikke.

Können Sie sich auch noch an die prädikativen Adjektive erinnern? Sonst hilft nur nochmaliges Nachschlagen auf den Seiten 79 und 81.

3. Lückenfüller

1. Her er nogle __________ (rød) kjoler?
2. Den her er __________ (smuk), synes jeg.
3. Er den __________ (brun) ikke bedre?
4. Nej, jeg synes den __________ (rød) klæder dig godt.
5. Så mangler jeg bare et __________ (smuk) bælte.

Wenn Sie den Dialog aufmerksam gelesen haben, ist es bestimmt kein Problem, die Lücken richtig zu füllen. Sonst hilft nur Zurückblättern.

4. Beim Shoppen

alligevel – ellers – end – for – måske

1. Men de sorte var __________ også pæne.
2. Var de ikke __________ dyre?
3. __________ skulle jeg prøve det brune jakkesæt.
4. Det er bedre __________ det sorte.
5. Det synes jeg ikke. Jeg tager det sorte __________.

Eine Großmacht schrumpft

13

Aus heutiger Sicht ist es kaum vorstellbar, aber Dänemark war zeitweilig eine einflussreiche Großmacht. Im 13. Jahrhundert beherrschte das dänische Reich den Ostseehandel und erstreckte sich bis nach Estland. Dabei konkurrierte es mit dem Städtebund Hanse – letztlich erfolglos.
Glücklicher agierte Dänemark im Norden: Die Kalmarer Union (1397 – 1523) unter dänischer Oberherrschaft umfasste neben Dänemark auch Schweden und Norwegen. Schweden wehrte sich gewaltsam gegen die zunehmende Dominanz Dänemarks und erlangte seine Unabhängigkeit. Zahlreiche kriegerische Auseinandersetzungen zwischen Dänen und Schweden prägten die nächsten 150 Jahre, bis das dänische Staatsgebiet 1660 mit dem Verlust von Südschweden auf ein Drittel seiner bisherigen Größe schrumpfte. Selbst Norwegen, das über 400 Jahre in einer Union mit den bestimmenden Dänen verbunden war, musste 1814 an Schweden abgegeben werden.
Im Süden lief es nicht besser: Der aufkeimende Nationalgedanke führte im 19. Jahrhundert zu zwei Dänisch-Deutschen Kriegen. Die traumatische Niederlage 1864, die zur Abtretung von Schleswig, Holstein und Lauenburg führte, prägte stark die nationale Identität Dänemarks. Die seitdem ethnisch sehr homogene dänische Gesellschaft wandte sich nun ganz nach innen während es innenpolitisch zu einem Linksruck kam. Außenpolitisch wurde ein strikter Neutralitätskurs verfolgt. Nicht zufällig entstand in dieser Zeit das Sprichwort *Hvad udad tabes, det må indad vindes* (Was nach außen verloren wird, das muss nach innen gewonnen werden).

Jüngste Geschichte

- 1920: Im Ersten Weltkrieg blieb Dänemark neutral; 1920 fiel nach einer Volksabstimmung Nordschleswig an Dänemark.
- 09.04.1940 bis 05.05.1945: Im Zweiten Weltkrieg Besetzung durch deutsche Truppen.
- 1944: Vollständige Autonomie Islands.
- 1973: Beitritt zur EG nach Volksabstimmung.
- 1993: Positives Votum zum Maastrichter Vertrag nach Volksabstimmung im zweiten Anlauf.
- 2000: Dänemark tritt nach Volksabstimmung nicht der Eurozone bei.

14

Wo die Fahne weht

familien (die Familie)
en mor (eine Mutter)
en far (ein Vater)
et barn (ein Kind)
en datter (eine Tochter)
en søn (ein Sohn)
en søster (eine Schwester)
en bror (ein Bruder)
en kusine (eine Kusine)
en fætter (ein Vetter)
en svigermor (eine Schwiegermutter)
en svigerfar (ein Schwiegervater)
en niece (eine Nichte)
en nevø (ein Neffe)

Großeltern
1. mütterlicherseits
en mormor (eine „Muttersmutter")
en morfar (ein „Muttersvater")
2. väterlicherseits
en farmor (eine „Vatersmutter")
en farfar (ein „Vatersvater")
3. allgemein
en bedstemor (eine Großmutter)
en bedstefar (ein Großvater)

Der Einkaufstrip vom vergangenen Tag war doch etwas anstrengend. So faulenzen Sandra und Lene heute, um sich dann voller Energie auf den Weg zu machen zu Leifs Geburtstagsfeier. Schon von weitem winkt eine gehisste *Dannebrog* – dort muss es sein, denkt sich Sandra. Und richtig: Wenig später heißt Leif sie herzlich willkommen, und Sandra und Lene bedanken sich: *Tak, fordi du ville se os!* (Danke, weil du uns sehen wolltest!)
Etwas erschlagen fühlt Sandra sich schon von all den fremden Gesichtern. Kurzerhand bittet sie Lene um Hilfe: *Hvem er det?* (Wer ist das?), fragt sie. Bereitwillig gibt Lene Auskunft: *Det er min fætters nye kæreste* (Das ist die neue Freundin meines Vetters), und ergänzt, *og derovre står min søster* (und dort drüben steht meine Schwester). Sandra ist erstaunt: *Nej, hende kan jeg næsten ikke genkende* (Nein, die kann ich fast nicht wiedererkennen). Doch plötzlich erblickt Lene ihre Eltern: *Men nu skal vi hilse på mine forældre* (Aber nun begrüßen wir meine Eltern), und zieht Sandra mit sich fort.
Sandra freut sich riesig, Lenes Mutter wiederzusehen. Die beiden sind sofort am Plauschen: *Hvordan går det med dine søskende?* (Wie geht's deinen Geschwistern?), fragt Lenes Mutter. *Fint. Min søster og hendes mand er flyttet til Norge* (Prima. Meine Schwester und ihr Mann sind nach Norwegen gezogen), berichtet Sandra, *og de har fået to børn* (und sie haben zwei Kinder bekommen). Doch fürs Erste müssen sie das Gespräch vertagen, denn die Gäste werden zu Tisch gebeten.

Min fætters nye kæreste

14 A

2/15

hvem	wer
en fætter	ein Vetter
ny	neu
en kæreste	eine Freundin, ein Freund
sød	süß, lieb, nett
derovre	dort drüben
genkende	wiedererkennen
en bror	ein Bruder
hans	sein/-e
en kone	eine Ehefrau
desværre	leider
hilse på	begrüßen
mine	meine
forældre	Eltern

■ Hvem er det?	Wer ist das?
● Det er min fætters nye kæreste.	Das ist meines Vetters neue Freundin.
■ Hun er smuk, synes jeg.	Sie ist hübsch, finde ich.
● Ja og meget sød. Og derovre står min søster.	Ja, und sehr nett. Und dort drüben steht meine Schwester.
■ Nej, hende kan jeg næsten ikke genkende. Hvor er din bror?	Nein, die kann ich fast nicht wiedererkennen. Wo ist dein Bruder?
● Han og hans kone kunne desværre ikke få ferie.	Er und seine Frau konnten leider keinen Urlaub bekommen.
■ Det var en skam.	Schade.
● Ja, ikke også? Men nu skal vi hilse på mine forældre.	Ja, nicht wahr? Aber nun begrüßen wir meine Eltern.

Possessivpronomen
1. und 2. Person Singular in Abhängigkeit von Geschlecht und Zahl:
min/din *fætter* (**mein/dein** Vetter)
mit/dit *værelse* (**mein/dein** Zimmer)
mine/dine *forældre* (**meine/deine** Eltern)
3. Person Singular:
für Personen:
hans *bror* (**sein** Bruder)
hendes *bror* (**ihr** Bruder)
für Dinge:
-en-Wörter: ***dens*** (sein/-e, ihr/-e)
blusen: ***dens*** *farver* (**ihre** Farben)
-et-Wörter: ***dets*** (sein/-e, ihr/-e)
billedet: ***dets*** *farver* (**seine** Farben)

Plural:
vores (unser/-e)
jeres (euer, eure)
deres (ihr/-e)

Adjektive nach Genitiven
Immer die *e*-Form:
min fætters nye kæreste (die neue Freundin meines Vetters, wörtl.: meines Vetters neue Freundin)

kæreste (Freund, Freundin, wörtl.: Liebster, Liebste) bei Partnerschaft

Verb + Präposition *hilse* ***på*** (begrüßen)

logische Familienverhältnisse:
moster (*mors søster* = Mutters Schwester = Tante mütterlicherseits), *farbror* (*fars bror* = Vaters Bruder = Onkel väterlicherseits)

Übungen

Sprechen Sie nach, damit Sie beim nächsten Familienfest nicht in Verlegenheit geraten.

1. Meine bucklige Verwandtschaft

2/16

*Det er **min fætters nye kæreste**.*

1. min fætters nye kæreste
2. mine forældre
3. min søster
4. min bror
5. min kone

Im Dänischen gibt es für „mein/-e" drei Möglichkeiten: *min, mit* oder *mine*. Wissen Sie noch, welche man wann braucht? Angaben zum Geschlecht finden Sie im Wörterverzeichnis.

2. Mein oder meine?

1. Derovre står _____ forældre.
2. Vi skal mødes med _____ søster.
3. _____ hotelværelse er meget hyggeligt.
4. Hvad synes du om _____ nye støvler?
5. _____ stykke smørrebrød smager rigtig godt.

... macht die Seele frisch und frei.
Hier fehlt jeweils nur die passende Adjektivendung. Wählen Sie zwischen Grundform, *t*-Form und *e*-Form.

3. Alles neu macht der Mai

1. Det er min søsters ny__ kæreste.
2. Har du set min ny___ nederdel?
3. Han kunne tænke mig et ny___ slips .
4. Museet viser en ny___ udstilling i weekenden.
5. Hans bukser er ny___.

So aus dem Zusammenhang gerissen macht nur eine Fortsetzung Sinn. Sie wissen sicher, welches Possessivpronomen richtig ist.

4. Wer suchet, der findet!

1. Børnene hilser på
   - a ☐ deres forældre.
   - b ☐ dens forældre.
2. Hvad skal vi lave i
   - a ☐ vores ferie?
   - d ☐ deres ferie?
3. Gitte og
   - a ☐ hans søster er i biografen.
   - b ☐ hendes søster er i biografen.
4. Bo og
   - a ☐ hans kæreste kom for sent.
   - b ☐ hendes kæreste kom for sent.

Hvor gamle er de?

14 B

▶ 2/17

dine	deine
søskende	Geschwister
hendes	ihr/-e
en mand	ein Ehemann/Mann
flytte	umziehen
Norge	Norwegen
et barn	ein Kind
gammel	alt
en datter	eine Tochter
en søn	ein Sohn
gift	verheiratet
blive gift	heiraten
sætte sig	sich setzen

● Hvordan går det med dine søskende?	Wie geht's deinen Geschwistern?
■ Fint. Min søster og hendes mand er flyttet til Norge.	Prima. Meine Schwester und ihr Mann sind nach Norwegen gezogen.
● Er de glade for det?	Gefällt es ihnen?
■ Ja, meget. Og de har fået to børn.	Ja, sehr. Und sie haben zwei Kinder bekommen.
● Hvor gamle er de?	Wie alt sind sie?
■ Datteren er to og sønnen er fire.	Die Tochter ist zwei und der Sohn ist vier.
● Hvad med dine brødre?	Was ist mit deinen Brüdern?
■ De har det også godt. Stefan er blevet gift.	Ihnen geht es auch gut. Stefan hat geheiratet.
● Nå, nu skal vi sætte os.	Na, nun sollen wir uns setzen.

Unregelmäßige Pluralformen
en mand → *to* ***mænd***
(ein Mann → zwei **Männer**)
et barn → *to* ***børn***
(ein Kind → zwei **Kinder**)
en datter → *to* ***døtre*** (eine Tochter → zwei **Töchter**)
en bror → *to* ***brødre***
(ein Bruder → zwei **Brüder**)

gammel (alt)
Hun *er fire år* ***gammel****.*
(**Sie** ist vier Jahre alt.)
*Barn****et*** *er fire år* ***gammelt****.*
(**Das Kind** ist vier Jahre alt.)
De *er to og fire år* ***gamle****.* (**Sie** sind zwei und vier Jahre alt.)

gift (verheiratet):
Er du ***gift****?* (Bist du **verheiratet**?)
blive gift (heiraten):
De er ***blevet gift****.* (Sie haben **geheiratet**, wörtl: Sie sind **verheiratet worden**.)

Perfekt
Mit ***være*** (sein) bei **Veränderungen** eines **Zustands**:
De ***er*** *flyttet.* (Sie **sind** umgezogen.)
De ***er*** *blevet gift.* (Sie **haben** geheiratet, wörtl.: Sie sind verheiratet worden.)

mand (1. Mann = männlicher Erwachsener, 2. Ehemann)
kvinde (Frau = weibliche Erwachsene)
kone (Ehefrau)

14 B

Übungen

Gibt's Neuigkeiten in der Familie? Über Antworten brauchen Sie sich hier noch keine Gedanken machen. Beachten Sie aber die unregelmäßigen Pluralformen.

1. Wie geht's … ?

2/18

*Hvordan går det med **dine søskende**?*

1. dine søskende
2. dine forældre
3. dine børn
4. dine døtre
5. dine brødre

Und wieder ist ein Jahr vergammelt. Hoffentlich vergessen Sie vor lauter Erstaunen die drei Formen von *gammel* nicht.

2. Wie die Zeit vergeht

1. Hvor __________ er dine børn?
2. Min datter er fem år __________.
3. Og min søn er tolv år __________.
4. Hvor __________ er deres barn?
5. Det er fjorten uger __________.

Hamletfrage: Perfekt mit *er* oder mit *har*? Gar nicht so schwer, oder?

3. Sein oder nicht sein?

1. De ______ flyttet til København.
2. Vi _____ haft en rigtig god tur.
3. _____ du allerede snakket med min bror?
4. Han _____ blevet gift.
5. _____ du allerede mødt hans kone?

Hier geht's um das Wortfeld Familie. Welche Begriffe passen nicht dazu?

4. Was passt nicht?

1. kone
2. mand
3. billede
4. søn
5. forældre
6. bror
7. skjorte
8. søster
9. søskende
10. børn

Wenn Sie diese Sätze problemlos übersetzen können, haben Sie beim nächsten Familiensmalltalk auf jeden Fall keine Probleme.

5. Übersetzen Sie

1. Wie geht's deinem Bruder?
2. Gut. Er hat ein Kind bekommen.
3. Wie alt ist das Kind?
4. Es ist sieben Wochen alt.
5. Wie heißt es?

14

Gut und reichlich

Wer zu einer dänischen Familienfeier eingeladen ist, sollte sich nicht wundern: Schon von weitem weist der gehisste *Dannebrog* den Weg. Die dänische Flagge gehört als Festsymbol einfach dazu und ziert Familienanzeigen oder Einladungen. Auch auf dem Fest selbst begegnet man ihm überall: als Tischschmuck, auf Tischtüchern, Servietten und Geschenkpapier sowie auf Torten und Backwerk.

Im Gegensatz zu deutschen Festen steht das Essen eindeutig im Mittelpunkt. Während in Deutschland das eigentliche Fest mit Reden, Einlagen und Tanz häufig erst nach Hauptgang und Dessert beginnt, wird der Schmaus auf dänischen Feiern von zahlreichen Reden und Liedern unterbrochen. Hier ist Durchhaltevermögen gefragt. Das Menü kann leicht bis zu sieben oder acht Stunden dauern.

Während viele Deutsche wenig sangesfreudig sind, gehören *lejlighedssange* (Anlass-, Gelegenheitslieder) zur typisch skandinavischen Tradition. Die Texte sind häufig selbstgedichtet und erzählen vom Gastgeber – nicht selten gewürzt mit einer gehörigen Portion Humor. Gesungen wird zu Melodien bekannter Volkslieder. Zusätzlich werden häufig auch *Skåleviser* (Trinklieder) angestimmt.

Nach dem Essen kann durchaus noch bis spät in die Nacht hinein getanzt werden. Zum Ende des Festes ertönt oft die Melodie *Den allersidste dans* (Der allerletzte Tanz) und man macht sich nach einem unterhaltsamen, geselligen und gemütlichen Abend auf den Heimweg. Natürlich nicht, ohne sich gebührend zu bedanken: *Tak for i aften!* (Danke für den Abend!)

Tak! (Danke!) ▶ **2/19**

1. *Tak for invitationen!* (Danke für die Einladung!): Schriftlich nach Erhalt der Einladung, und/oder mündlich, wenn man dem Gastgeber vorm Fest begegnet.
2. *Tak fordi du ville se os!* (Danke, weil du uns sehen wolltest!): bei der Begrüßung
3. *Tak for mad!* (Danke für das Essen!): am Ende der Mahlzeit
4. *Tak for i aften!* (Danke für den Abend!): beim Abschied
5. *Tak for i aftes!* (Danke für den gestrigen Abend!): am nächsten Tag
6. *Tak for sidst!* (Danke fürs letzte Mal!): bei der nächsten Begegnung

15

Fürsorge

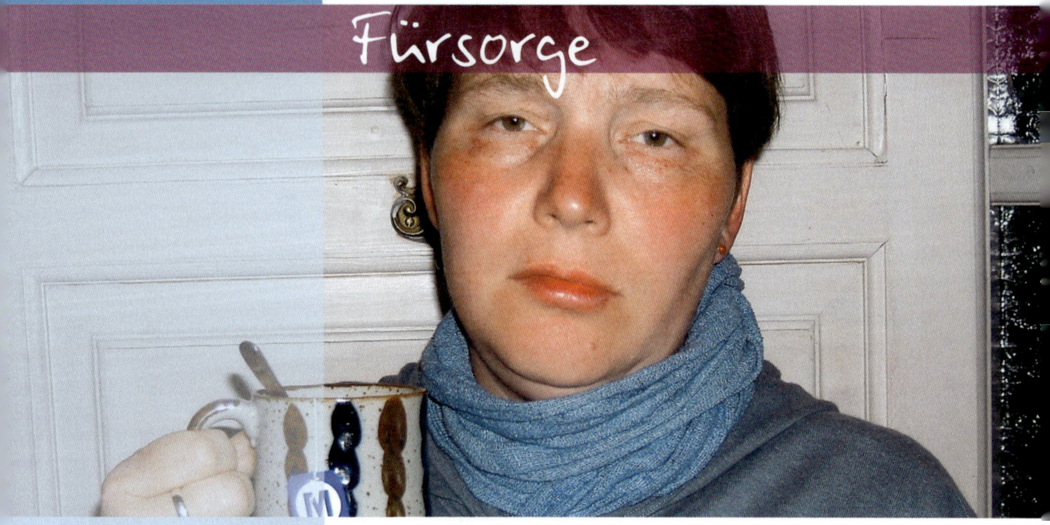

kroppen ▶ 2/20
(der Körper)
et hoved (ein Kopf)
en mund (ein Mund)
et øre (ein Ohr)
et øje (ein Auge)
en hals (ein Hals)
en arm (ein Arm)
en finger (ein Finger)
en hånd (eine Hand)
et ben (ein Bein)
en fod (ein Fuß)
en ryg (ein Rücken)
et bryst (eine Brust)
en lunge (eine Lunge)
et hjerte (ein Herz)
en mave (ein Bauch/ ein Magen)

Jeg er forkølet. (Ich bin erkältet.)
Jeg er syg. (Ich bin krank.)
Jeg har ... (Ich habe ...)
... *tømmermænd* (einen Kater)
... *influenza* (eine Grippe)
... *feber* (Fieber)
... *diarré* (Durchfall)

Am Morgen nach dem Fest fühlt sich Sandra irgendwie *ikke særlig godt* (nicht besonders gut). *Hvad er der i vejen?* (Was ist los?), fragt Lene besorgt. *Jeg har ondt i hovedet og i halsen* (Ich habe Kopf- und Halsschmerzen), antwortet Sandra mit belegter Stimme. *Jeg har nok bare sovet for lidt* (Ich habe bestimmt nur zu wenig geschlafen), oder vielleicht doch zu viel getrunken? Die Symptome passen aber nicht zu *tømmermænd* (einem Kater). Sandra legt sich kurzerhand noch einmal ins Bett: Krank im Urlaub, das hat gerade noch gefehlt!

Ein paar Stunden später fragt Lene: *Har du det bedre?* (Geht es dir besser?). Leider nicht: *Måske har jeg også lidt feber* (Vielleicht habe ich auch etwas Fieber), meint Sandra, aber Lene *skal ikke ringe til en læge* (soll keinen Arzt anrufen). Sandra hofft: *Jeg får det nok bedre i morgen* (Morgen geht es mir bestimmt wieder besser). Okay, dann müssen Lenes Hausmittel helfen: *Du må hellere blive i seng i dag* (Du solltest heute lieber im Bett bleiben), entscheidet sie und macht ihr *en kop varm te* (eine Tasse warmen Tee). Sie überredet Sandra erst einmal mit lauwarmem Salzwasser zu gurgeln – das hilft bei Halsschmerzen. Etwas Medizin schadet aber bestimmt nicht: *Jeg går på apoteket og henter nogle halstabletter* (Ich gehe zur Apotheke und hole Halsschmerztabletten), verkündet Lene. Bei so viel Fürsorge ist Sandra morgen bestimmt wieder fit.

Er du syg?

15 A

2/21

særlig	besonders
Hvad er der i vejen?	Was ist los?
have ondt	Schmerzen haben, wehtun
et hoved	ein Kopf
en hals	ein Hals
åh	oh
syg	krank
nok	sicher, wohl, schon
bare	nur, bloß
sove	schlafen
for lidt	zu wenig
drikke	trinken
tømmermænd	Kater

● Hvordan har du det?	Wie geht es dir?
■ Ikke særlig godt.	Nicht besonders gut.
● Hvad er der i vejen?	Was ist los?
■ Jeg har ondt i hovedet og i halsen.	Ich habe Kopf- und Halsschmerzen.
● Åh nej. Er du syg?	Oh nein. Bist du krank?
■ Det håber jeg ikke. Jeg har nok bare sovet for lidt.	Das hoffe ich nicht. Ich habe sicher nur zu wenig geschlafen.
● Var det ikke en rigtig sjov fest?	War es nicht ein wirklich lustiges Fest?
■ Jo. Måske har jeg også bare drukket for meget.	Doch. Vielleicht habe ich auch nur zu viel getrunken.
● Jeg tror ikke, du har tømmermænd.	Ich glaube nicht, dass du einen Kater hast.
■ Nej, det tror jeg egentlig heller ikke.	Nein, das glaube ich eigentlich auch nicht.

Perfekt Verwendung
1. Allgemein, kein konkreter Zeitpunkt: *Jeg **har** tit **været** i København.* (Ich **bin oft** in Kopenhagen **gewesen**.) vgl. S. 73
2. Andauernde Periode: *Jeg **har boet** i Hamborg **i fem år**.* (Ich **habe 5 Jahre** in Hamburg **gewohnt**.) vgl. S. 75
3. Abgeschlossen, aber Resultat hat Bedeutung für die Gegenwart:
*Jeg har det ikke godt. Jeg **har sovet** for lidt. Måske **har** jeg **drukket** for meget.* (Mir geht es nicht besonders gut. Ich **habe** zu wenig **geschlafen**. Vielleicht **habe** ich zu viel **getrunken**.)

have ondt ... (Schmerzen haben ..., wehtun, wörtl.: Böses haben ...): *Jeg har ondt i hovedet* (Ich habe Kopfschmerzen, wörtl.: Ich habe Böses im Kopf.)

Hvad er der i vejen? (Was ist los?, wörtl.: Was ist dort im Weg?)

nok (sicher, wohl)
Wenn man sich nicht ganz sicher ist: *Jeg har **nok** sovet for lidt.* (Ich habe **wohl** zu wenig geschlafen.)

Hinweis: *tømmermænd* (1. Kater nach Alkoholgenuss, 2. Zimmermänner)

15 A

Übungen

Damit Sie beim Arzt nicht nur auf Gesten angewiesen sind. Sagen Sie, was Ihnen wehtut!

1. Ich habe Schmerzen

▶ 2/22

*Jeg har ondt i **hovedet**.*

1. hovedet
2. halsen
3. maven
4. ryggen
5. foden

Ihnen ist nicht gut? Warum denn nicht? Hier geht es um Vergangenes, das für die Gegenwart noch Bedeutung hat. Also brauchen Sie das Perfekt.

2. Unangenehme Folgen

1. Jeg ________________ for lidt. (sove)
2. Jeg ________________ for meget akvavit. (drikke)
3. Jeg ________________ for meget chokolade. (spise)
4. Min kærester ________________ til Danmark. (flytte)
5. Jeg ________________ for meget arbejde. (have)

Und wie war das noch mit der Verbform, wenn nicht die Bedeutung für die Gegenwart im Fokus steht, sondern die abgeschlossene Handlung?

3. Lernfähig

1. I nat ___________ jeg længe. (sove)
2. Jeg ___________ kun lidt akvavit i går. (drikke)
3. I tirsdags ___________ jeg kun lidt chokolade. (spise)
4. Min kæreste ___________ igen til Tyskland i går. (flytte)
5. Jeg ___________ kun lidt arbejde i går. (have)

Bestimmt kein Problem, oder?

4. Ergänzen Sie

heller – ikke – bare – i – nok

1. Hvad er der ___________ vejen?
2. Jeg har ___________ bare sovet for lidt.
3. Måske har jeg også ___________ drukket for meget.
4. Jeg tror ___________, du har tømmermænd.
5. Det tror jeg egentlig ___________ ikke.

Wenn Sie diese Übung ohne Schwierigkeiten meistern, dann laufen Sie nicht Gefahr, vor lauter Sprachlosigkeit mitleidlos zu wirken.

5. Übersetzen Sie

1. Wie geht es dir?
2. Nicht besonders gut.
3. Was ist los?
4. Meine Hand und mein Fuß tun weh.
5. Bist du krank?
6. Das hoffe ich nicht.

Har du feber?

15 B

▶ 2/23

feber	Fieber
ringe til	anrufen
en læge	ein Arzt
en seng	ein Bett
i dag	heute
te	Tee
ryge	rauchen
et apotek	eine Apotheke
en halstablet	eine Halsschmerztablette
hjælpe	helfen

● Har du det bedre?	Geht es dir besser?
■ Nej, jeg har stadigvæk meget ondt i halsen.	Nein, ich habe immer noch starke Halsschmerzen.
● Har du feber?	Hast du Fieber?
■ Måske lidt.	Vielleicht etwas.
● Skal jeg så ikke hellere ringe til en læge?	Soll ich dann nicht lieber einen Arzt anrufen?
■ Nej, jeg får det nok bedre i morgen.	Nein, morgen geht es mir bestimmt wieder besser.
● Du må hellere blive i sengen i dag og drikke en kop te.	Du solltest heute lieber im Bett bleiben und eine Tasse Tee trinken.
■ Ja, det er nok en god idé.	Ja, das ist sicher eine gute Idee.
● Og du må ikke ryge.	Und du darfst nicht rauchen.
■ Nej, det gør jeg heller ikke.	Nein, das tue ich auch nicht.
● Jeg går på apoteket og henter nogle halstabletter.	Ich gehe zur Apotheke und hole Halsschmerztabletten.
■ Ja, det hjælper nok. Tak skal du have!	Ja, das hilft sicher. Vielen Dank!

hellere (lieber)
Komparativ von *gerne* (gern)

4 Mal *må*
1. Bitte:
Må *jeg bede om brødet.* (**Darf** ich um das Brot bitten.)
Må *jeg* ***godt*** *ryge her?* (**Darf** ich hier rauchen?)
2. Empfehlung:
Du ***må hellere*** *blive i seng.* (Du **solltest lieber** im Bett bleiben.)
3. Verbot:
Du ***må ikke*** *ryge.* (Du **darfst nicht** rauchen.)
4. Notwendigkeit:
Jeg ***må*** *gå nu.* (Ich **muss** jetzt gehen.)

på *apoteket* (**zur/in der** Apotheke

få det bedre
(besser gehen, wörtl.: es besser bekommen)

Aussprache: ▶ 2/24
Vokal *y*:
1. langes *y*: wie deutsches ü in über: *ryge* (rauchen), *tyve* (zwanzig), *fly* (Flugzeug), *cykle* (Rad fahren)
2. kurzes *y*: vor *-n*, *-m* und Doppelkonsonanten wie ö in Ökonomie: *stykke* (Stück), *sytten* (siebzehn), *flytte* (umziehen)
3. nach *-r*: immer wie ö in Köpfe: *ryg* (Rücken), *bryst* (Brust), *julebryg* (Weihnachtsbier)

må hellere (solltest lieber): stärker als Ratschlag mit *skulle* (solltest), aber keine Notwendigkeit wie *må* oder *skal* (müssen).

15 B Übungen

Fürsorge und wohlgemeinte Empfehlungen bewirken manchmal Wunder.

1. Du solltest lieber ...

2/25

Du må hellere ***blive i sengen****.*

1. blive i sengen
2. sove lidt
3. drikke varm te
4. gå til lægen
5. tage nogle halstabletter

Bringen Sie die Sätze in die richtige Reihenfolge.

2. Wortsalat

1. bedre – har – det – du ?
2. jeg – nej – ondt – meget – halsen – i – har
3. hellere – i – du – i – blive – dag – sengen – må
4. ringe – jeg – skal – læge – en – til ?
5. bedre – nok – jeg – i – får – morgen – det – nej

Übersetzen Sie. Ist bei diesen Sätzen gar nicht so schwer, wie es scheint. Aber achten Sie auf die veränderte Wortstellung der Verben!

3. Dürfen, müssen oder sollen?

1. Darf ich hier rauchen?
2. Nein, du darfst hier nicht rauchen.
3. Du solltest heute lieber im Bett bleiben.
4. Du solltest lieber Halsschmerztabletten nehmen.
5. Ich muss jetzt gehen.

Schon wieder die Präpositionen! Zugegeben: Nicht besonders spannend, aber da es keine Regeln gibt, hilft nur üben, üben und nochmals üben.

4. Präpositionen

1. Hvad er der _____ vejen?
2. Jeg har ondt _____ ryggen.
3. Skal jeg ringe _____ en læge.
4. Jeg går _____ apoteket.
5. Vil du ikke alligevel hilse _____ mine forældre?

Gesundheit über Steuern

15

Aus deutscher Sicht wundert man sich, wie einfach das dänische Gesundheitssystem ist: Die staatliche Krankenversicherung wird über die Einkommenssteuer finanziert, was bestens funktioniert. Die meisten Dänen sind bei einem Hausarzt eingetragen und benötigen für Fachärzte immer eine Überweisung.
Diese staatliche Grundversicherung sichert allen Dänen das Recht auf die gleiche Behandlung: Ein Grundpfeiler des Wohlfahrtsstaates, auf den die Dänen besonders stolz sind. Aber auch private Zusatzversicherungen haben eine hohe Bedeutung. Denn in Dänemark musste für Zahnärzte und Medikamente schon immer ein nicht unbedeutender Eigenanteil gezahlt werden.
Doch es gibt auch Schattenseiten: So sind z. B. die langen Wartelisten für Operationen ein politischer Dauerbrenner. Gerade bei lebensbedrohlichen Krankheiten weichen immer mehr Dänen auf ausländische oder private Kliniken aus.
Ein weiterer Kritikpunkt ist die mangelnde Vorsorge, in die wie in vielen anderen westeuropäischen Ländern nicht viel investiert wird. Handlungsbedarf ist geboten, denn jeder zehnte Däne leidet an einer der großen Volkskrankheiten, wie Herz-Kreislauf-Erkrankungen, Altersdiabetes, Allergien, Depressionen oder Krebs, und jedes fünfte dänische Kind ist übergewichtig.

Medizinische Notfälle

- ***lægen*** (der Hausarzt) arbeitet werktags in der Regel zwischen 8:00 und 16:00.
- ***lægevagten*** (der Notarzt) ist außerhalb dieser Öffnungszeiten für Sie da. Der erste Kontakt sollte telefonisch erfolgen. Die Telefonnummer finden Sie im Telefonbuch.
- ***skadestuen*** (die Unfallstation) im Krankenhaus ist bei Unfällen rund um die Uhr direkt oder unter der Nummer 112 zu erreichen.

16

Bei jedem Wetter?

Hvordan er vejret?
(Wie ist das Wetter?)

Solen skinner. (Die Sonne scheint.)
Det regner. (Es regnet.)
... *blæser.* (ist windig)
... *stormer* (stürmt)
... *tordner* (donnert)
... *sner* (schneit)
Det er solrigt. (Es ist sonnig.)
... *skyet* (bewölkt)
... *overskyet* (bedeckt)
... *tåget* (neblig)
... *varmt* (warm, heiß)
... *koldt* (kalt)
... *solkinsvejr* (Sonnenscheinwetter)
... *regnvejr* (Regenwetter)

Himmelsrichtungen
nord (Nord)
øst (Ost)
syd (Süd)
vest (West)

Sandra geht es glücklicherweise schon wieder besser. *Skal vi ikke i teatret i weekenden?* (Sollen wir am Wochenende nicht ins Theater gehen?), fragt Lene unternehmungslustig. *Hm, jeg kunne godt tænke mig at slappe lidt af* (Hm, ich würde mich gern etwas ausruhen), bremst Sandra Lenes Tatendrang. Verständnisvoll räumt Lene ein: *Ja, så kan du også blive helt rask igen* (Ja, dann kannst du auch wieder ganz gesund werden). Sie hat aber sofort eine Alternative parat: *Eller vi tager ud til sommerhuset* (Oder wir fahren raus ins Ferienhaus), schlägt sie vor, *det gør jeg tit, når jeg vil slappe af* (das mache ich oft, wenn ich mich ausruhen möchte). Damit trifft sie schon eher Sandras Geschmack: *Men det kommer an på vejret, ikke?* (Aber es kommt auf das Wetter an, nicht?), gibt sie zu bedenken. So ganz ist sie halt noch nicht auf dem Damm.
Hvordan bliver vejret i Nordjylland? (Wie wird das Wetter in Nordjütland?), fragt Lene. Doch auch der Wetterbericht erleichtert die Wochenendplanung nicht: *Måske skinner solen, måske regner det* (Vielleicht scheint die Sonne, vielleicht regnet es), meint Sandra. Tja, damit ist alles noch offen, aber sie sind sich einig: *Hvis solen skinner, tager vi til Nordjylland* (Wenn die Sonne scheint, fahren wir nach Nordjütland). Sie vertagen die endgültige Entscheidung: *Vi får se, hvad de siger i morgen* (Wir werden sehen, was sie morgen sagen). Doch rausfahren, *det vil de helst* (das möchten sie am liebsten)!

Det kommer an på vejret

16 A

2/26

et teater	ein Theater
en weekend	ein Wochenende
slappe af	sich entspannen/ausruhen
hel	ganz
rask	gesund
hjemme	zu Hause
tage	hier: fahren, reisen, gehen
et sommerhus	ein Ferienhaus
ud	raus
når	wenn
komme an på	ankommen auf
et vejr	ein Wetter

● Skal vi ikke i teatret i weekenden?	Sollen wir nicht am Wochenende ins Theater gehen?
■ Hm, jeg kunne godt tænke mig at slappe lidt af.	Hm, ich möchte mich gern etwas ausruhen.
● Ja, så kan du også blive helt rask igen.	Ja, dann kannst du auch wieder ganz gesund werden.
■ Måske skal vi bare blive hjemme?	Vielleicht sollten wir bloß zu Hause bleiben?
● Eller vi tager ud til sommerhuset. Det gør jeg tit, når jeg vil slappe af.	Oder wir fahren raus ins Ferienhaus. Das mache ich oft, wenn ich mich ausruhen möchte.
■ Ja, det er en god idé. Men det kommer an på vejret, ikke?	Ja, das ist eine gute Idee. Aber es kommt auf das Wetter an, nicht?
● Jo, det synes jeg også.	Doch, das finde ich auch.

i teatret (**ins/im** Theater)

i weekenden
1. **nächstes/am** Wochenende
2. **letztes** Wochenende
3. regelmäßig: **am** Wochenende

Lang- und Kurzform:
hjemme (**zu** Hause)
hjem (**nach** Hause)

når (wenn)
temporale Nebensatzkonjunktion: *Det gør jeg tit,* ***når*** *jeg vil slappe af.* (Das mache ich oft, **wenn** ich mich ausruhen möchte.)

komme an på ... (ankommen auf ...)
1. mit Substantiv
Det kommer an på *vejret.*
(**Es kommt auf** das Wetter **an**.)
2. mit Nebensatz
Det kommer an på*, hvordan vejret bliver.*
(**Es kommt darauf an**, wie das Wetter wird.)

Im Dänischen gibt es eine feste Reihenfolge der Satzglieder in (vgl. S. 158 f.). Die adverbialen Bestimmungen des Ortes und der Zeit stehen immer am Satzende. Dabei gilt: Ort vor Zeit! *Vi skal* ***i teatret i weekenden***. (Wir gehen **am Wochenende ins Theater**.)

Übungen

Sie sind nicht sofort begeistert, sondern haben zahlreiche Bedenken: „Es kommt darauf an …". Sprechen Sie nach!

1. Pure Begeisterung?

2/27

Det kommer an på ***vejret****.*

1. vejret
2. hvordan vejret bliver
3. hvad det koster
4. hvordan jeg har det
5. hotellet

… und noch einmal die temporalen Präpositionen. Zur Not finden Sie Hilfe in der Grammatikübersicht.

2. Never ending story

1. Hvad skal vi lave _____ weekenden?
2. Skal vi ikke i teatret _____ lørdag?
3. _____ fredags var Sandra syg.
4. Men _____ dag har hun det bedre.
5. _____ mandagen spiller Lars altid fodbold.

Die Sätze beginnen immer mit dem Subjekt. Achtung: Bei der Frage geht das natürlich nicht!

3. Wortsalat

1. skal – i – jeg – teatret – weekenden – i
2. ikke – til – Skagen – tage – skal – morgen – i – vi ?
3. var – lørdags – Lene – koncert – og – til – i – Sandra
4. har – år – Lars – i – boet – i – fem – Århus
5. Lone – tager – til – København – søndagen – om – tit

Hier fehlen die Konjunktionen *fordi*, *når* und *at*, wobei *at* oft ausgelassen wird. Sie wissen bestimmt, welcher Satz auch ohne Konjunktion vollständig ist, oder?

4. Mut zur Lücke

1. Jeg er tit i sommerhus, ______ jeg vil slappe af.
2. I dag vil jeg blive hjemme, _______ jeg er lidt syg.
3. Undskyld, _____ vi kommer for sent.
4. Jeg var altid hos min mormor, ______ mine forældre arbejdede.
5. Jeg kan ikke lide actionfilm, ______ de er kedelige.

Wenn Sie diese Übung problemlos meistern, können Sie gleich mit dem nächsten Dialog weitermachen.

5. Übersetzen Sie

1. Sollen wir am Wochenende nicht ins Kino gehen?
2. Ich möchte mich gern etwas ausruhen.
3. Oder wir fahren raus ins Ferienhaus.
4. Das mache ich oft, wenn ich mich ausruhen möchte.
5. Das klingt gut. Aber es kommt auf das Wetter an.

Måske skinner solen

2/28

høre	hören
en vejrudsigt	ein Wetterbericht
skinne	scheinen
en sol	eine Sonne
Sjælland	Seeland
Nordjylland	Nordjütland
vide	wissen
regne	regnen
hvis	wenn, falls
hygge sig	es sich gemütlich machen
helst	am liebsten

■ Har du hørt vejrudsigten?	Hast du den Wetterbericht gehört?
● Nej, hvad siger de?	Nein, was sagen sie?
■ I weekenden skinner solen på Sjælland.	Am Wochenende scheint die Sonne auf Seeland.
● Og hvordan bliver vejret i Nordjylland?	Und wie wird das Wetter in Nordjütland?
■ Det ved de ikke endnu. Måske skinner solen, måske regner det.	Das wissen sie noch nicht. Vielleicht scheint die Sonne, vielleicht regnet es.
● Hvis solen skinner, tager vi til Nordjylland, ikke?	Wenn die Sonne scheint, fahren wir nach Nordjütland, nicht?
■ Jo, men hvad gør vi, hvis det regner?	Ja, aber was machen wir, falls es regnet?
● Så hygger vi os bare her.	Dann machen wir es uns bloß hier gemütlich.
■ Ok. Vi får se, hvad de siger I morgen.	Okay. Wir werden sehen, was sie morgen sagen.
● Ja, jeg vil helst tage ud til sommerhuset.	Ja, ich möchte am liebsten raus zum Ferienhaus fahren.
■ Ja, det vil jeg også helst.	Ja, das möchte ich auch am liebsten.

Präpositionen bei geografischen Ortsangaben
1. Statisch:
- Inseln und Halbinseln mit ***på*** (auf):
på *Sjælland* (**auf** Seeland), ***på*** *Fyn* (**auf** Fünen), ***på*** *Sjællands Odde* (**auf** Seelands Odde)
Ausnahme: ***i*** *Jylland* (**in** Jütland)
- Kontinente, Länder, Städte mit ***i*** (in):
i *København* (**in** Kopenhagen)
2. Dynamisch:
Vi tager ***til*** *Nordjylland.* (Wir fahren **nach** Nordjütland.)

Achtung unregelmäßig:
vide (wissen) – *jeg ved* (ich weiß)

hvis (wenn, falls)
Nur für Bedingungen: ***Hvis*** *solen skinner, tager vi til Nordjylland.* (**Falls/Wenn** die Sonne scheint, fahren wir nach Nordjütland.)
Achtung: Die Dänen unterscheiden zwischen *hvis* („wenn" im Sinne von falls) und *når* („wenn" im Sinne von immer wenn): *Vi var altid i sommerhus i weekenden,* ***når*** *vejret var godt.* (Wir waren immer am Wochenende im Ferienhaus, **immer wenn** das Wetter gut war.)

Steigerung
gerne (gern)
hellere (lieber)
helst (am liebsten)

Vi får se (Wir **werden** sehen, wörtl.: Wir **bekommen** sehen.)

16 B

Übungen

1. Nicht immer verlässlich

2/29

Und was machen Sie, falls das Wetter nicht mitspielt? Das ist in Dänemark ja recht wechselhaft.
Sprechen Sie nach!

Hvad gør vi, hvis det ***regner?***

1. regner
2. stormer
3. blæser
4. sner
5. er tåget

2. Wenn oder wenn?

Die Dänen unterscheiden zwischen *når* und *hvis*. Tipp: *når* lässt sich mit „immer wenn" übersetzen, *hvis* nicht.

1. I weekenden tager vi til Skagen, ______ det ikke regner.
2. Sandra cykler altid på arbejde, _____ det ikke regner.
3. Jeg kommer med til Skagen, ______ jeg ikke skal arbejde.
4. Familien spiser tit ude i haven, _____ solen skinner.
5. Skal vi ikke sidde ude i haven i aften, ______ det ikke regner?

3. Was passt nicht?

Welche Wörter passen nicht zum Wortfeld Wetter? Die Mühe lohnt sich: Wer über das Wetter smalltalken kann, der hat keine Probleme mehr bei der Kontaktaufnahme.

1. vejret
2. solen
3. seng
4. blæser
5. ondt
6. tåget
7. overskyet
8. sner
9. maven
10. tordner

4. Ein Kinderspiel

Endlich gibt es für die Präpositionen sogar einmal Regeln. Da fällt die Wahl sicherlich leicht, oder?
Hinweis: *Samsø* ist natürlich eine Insel.

1. De tager på ferie _____ USA.
2. Min bror er flyttet _____ Norge.
3. Han boede _____ Nordjylland i fem år.
4. Skal vi ikke tage på ferie _____ Samsø?
5. Jo, min søster er også på ferie _____ Samsø.

5. Vorlieben

2/30

Was möchten Sie am liebsten machen? Sprechen Sie nach.

Jeg vil helst ***tage ud til sommerhuset****.*

1. tage ud til sommerhuset
2. blive hjemme
3. hygge mig i weekenden
4. slappe af
5. gå i biografen i aften

Ferienhäuser im Trend

16

Schier unendliche Küsten mit einsamen Sandstränden, beschauliche Städte, ländliche Idylle und malerische Häfen – kein Wunder, dass Dänemark viele Touristen anlockt! Zu jeder Jahreszeit zieht es Norweger, Schweden, vor allem jedoch Deutsche nach Dänemark in den Urlaub: Am liebsten in ein Ferienhaus!
Während die Deutschen vor 10 Jahren noch 80 Prozent der Urlauber ausmachten, waren es im Jahr 2007 nur noch 65 Prozent. Eine Entwicklung, die den Dänen nicht ganz ungelegen kommt, weil damit ihre Abhängigkeit vom deutschen Urlaubsverhalten sinkt. Die dänischen Vorbehalte gegen den großen, vermögenden Nachbarn wurde u. a. 1992 deutlich: Im Zuge der EU-Beitrittsverhandlungen bestanden die Dänen auf Sonderregeln für den Ferienhauskauf durch Ausländer. Man hatte Angst, dass die finanzstarken Deutschen ganze Küstenstriche Dänemarks aufkaufen. Damit wären die Preise für Ferienhäuser ins Unermessliche gestiegen und für Dänen unbezahlbar geworden.
Und wohin zieht es die Dänen in den Urlaub? Die meisten Dänen fahren ins Ausland, vor allem in den Süden. Populäre Ziele sind neben Spanien auch Frankreich und Italien. Doch auch der Urlaub im eigenen Land liegt neuerdings voll im Trend, zumindest für einen Teil des Urlaubs: Während vor zehn Jahren nur jedes zehnte Ferienhaus von Dänen gemietet wurde, war es 2007 bereits jedes vierte. Eine gute Nachricht für alle eingefleischten Dänemarkfans, denen das Urlaubsidyll ohne dänische Sprache und Lebensart nur halb so viel bedeutet.

Ferienhäuser
In Dänemark gibt es ca. 200.000 Ferienhäuser. Nur rund ein Fünftel der Häuser wird vermietet. Die übrigen werden ausschließlich privat genutzt. Es wird erwartet, dass der Anteil vermieteter Ferienhäuser abnimmt, da immer weniger Dänen finanziell auf die Vermietung angewiesen sind.

Kauf von Ferienhäusern
Ausländer dürfen Sommerhäuser nur dann käuflich erwerben, wenn sie fünf Jahre steuerpflichtig in Dänemark gewohnt haben.

T Test 4

Können Sie sich noch erinnern? Sonst lesen Sie die Landeskundetexte und die Informationen in den Randspalten ruhig noch einmal.

1. Welche Antwort stimmt?

1. Die Kalmarer Union stand unter ...
   a ☐ schwedischer Oberherrschaft.
   b ☐ dänischer Oberherrschaft.
   c ☐ norwegischer Oberherrschaft.

2. Im Jahre 1660 verlor Dänemark ...
   a ☐ Südschweden.
   b ☐ Norwegen.
   c ☐ den Krieg gegen Deutschland.

3. *Tak for mad!* sagen Dänen ...
   a ☐ wenn sie eingeladen werden.
   b ☐ nach einem gemeinsam verbrachten Abend.
   c ☐ am Ende einer Mahlzeit.

4. Unter *Lejlighedssange* versteht man ...
   a ☐ Festschmuck.
   b ☐ Gelegenheitslieder.
   c ☐ ein typisch dänisches Festmahl.

5. Die dänische Krankenversicherung ...
   a ☐ wird über Steuern finanziert.
   b ☐ deckt auch die zahnärztliche Versorgung.
   c ☐ funktioniert ohne Eigenbeteiligung.

6. Ausländer dürfen Ferienhäuser kaufen, wenn sie ...
   a ☐ die dänische Staatsangehörigkeit beantragen.
   b ☐ die dänische Nationalhymne singen können.
   c ☐ fünf Jahre in Dänemark Steuern zahlen.

Shoppen, Familie, Gesundheit und Wetter. Damit haben Sie bereits einen Großteil der klassischen Smalltalk-Themen abgedeckt.

2. Fragen und Antworten

1. Hvad størrelse bruger du?	a ☐ Ikke særlig godt.
2. Er de ikke for dyre?	b ☐ To og fire.
3. Hvem er det?	c ☐ Måske lidt.
4. Hvor gamle er de?	d ☐ Fyrre.
5. Hvad er der i vejen?	e ☐ Det bliver solskinsvejr.
6. Har du også feber?	f ☐ Jo, det synes jeg også.
7. Hvordan har du det?	g ☐ Det er min fætter.
8. Hvordan bliver vejret?	h ☐ Jeg har ondt i halsen.

3. Was fehlt?

Grammatik ist nicht jedermanns Sache. Versuchen Sie es trotzdem. Aber zurückblättern gilt nicht. Dies ist schließlich ein Test.

1. Her er nogle rød_ kjoler.
   a ☐ -
   b ☐ t
   c ☐ e

2. Den er bedre en den rød_ kjole.
   a ☐ -
   b ☐ t
   c ☐ e

3. Han og _____ kone kunne ikke få ferie.
   a ☐ hendes
   b ☐ deres
   c ☐ hans

4. De _____ flyttet til Norge.
   a ☐ er
   b ☐ har
   c ☐ -

5. Du _____ hellere blive i sengen i dag.
   a ☐ kan
   b ☐ må
   c ☐ vil

6. Det gør jeg tit, _____ jeg vil slappe af.
   a ☐ hvis
   b ☐ når
   c ☐ at

4. Wie sagt man auf Dänisch?

Geschafft? Dann haben Sie sich eine Pause verdient, bevor Sie sich an die letzten vier Lektionen machen.

1. Ich hätte gern ein rotes Kleid.
2. Es steht dir wirklich gut.
3. Nun begrüßen wir meine Eltern.
4. Sie haben zwei Kinder bekommen.
5. Ich habe Kopfschmerzen.
6. Morgen geht es mir bestimmt wieder besser.
7. Dann kannst du auch wieder ganz gesund werden.
8. Was machen wir, falls es regnet?

17

Erinnerst du dich?

morgenmad (Frühstück):
brød (Brot)
rundstykker (Brötchen)
smør (Butter)
mælk (Milch)
honning (Honig)
pålægschokolade (Aufschnitt-schokolade)
marmelade (Marmelade)
ost (Käse)

frugter (Früchte)
æbler (Äpfel)
pærer (Birnen)
jordbær (Erdbeeren)
appelsiner (Apfelsinen)
vindruer (Weintrauben)

grøntsager (Gemüse)
tomater (Tomaten)
agurker (Gurken)
gulerødder (Möhren)
ærter (Erbsen)
porrer (Porree)

Das Wetter hatte ein Einsehen und so sind Sandra und Lene doch ins Ferienhaus gefahren. Am Morgen sucht Lene ihre Freundin vergebens, doch da klappert die Haustür: *Hvor har du været henne?* (Wo bist du gewesen?), fragt sie erstaunt. *Jeg har gået en tur på stranden* (Ich bin am Strand spazieren gegangen), strahlt Sandra. *Jeg elsker Vesterhavet tidligt om morgenen* (ich liebe die Nordsee frühmorgens), erklärt sie begeistert, *jeg mødte ikke nogen* (ich habe niemanden getroffen).
Forresten: Vi har fået besøg. (Übrigens: Wir haben Besuch bekommen), erzählt Lene ganz nebenbei. Bo ist für einen Tag angereist, holt nun allerdings gerade *rundstykker* (Brötchen) für das Frühstück. *Nej, hvor hyggeligt!* (Nein, wie schön!), ruft Sandra hocherfreut.
Nachmittags sitzen sie über alten Urlaubsphotos im Garten. *Kan du huske Mette?* (Kannst du dich an Mette erinnern?), fragt Bo Sandra. *Det er hende, der elskede at bade i Vesterhavet allerede i april.* (Das ist die, die liebte schon im April in der Nordsee zu baden), versucht er ihrem Gedächtnis auf die Sprünge zu helfen. Von Lars weiß sie noch: *Er det ham, som Preben altid sejlede med?* (Ist das der, mit dem Preben immer segelte?) Und auch mit Dorte hat sie damals gern gespielt. *Var det ikke hendes mormor, der ikke kunne lide tyskere?* (War es nicht ihre Großmutter, die Deutsche nicht mochte?), erinnert sie sich vage. Über den alten Photos aus Jugendtagen schwelgen sie in Erinnerungen an Sommer, Sonne, Strand und Meer.

17 A

Vi har fået besøg

▶ 2/31

gå en tur	spazieren gehen
en strand	ein Strand
elske	lieben
Vesterhavet	die Nordsee
tidlig	früh
så	so
mange	viele
et menneske	ein Mensch
møde	treffen
ikke nogen	niemand, kein/-e/-er
et besøg	ein Besuch
en bager	ein Bäcker
et rundstykke	ein Brötchen

● Hvor har du været henne?	Wo bist du gewesen?
■ Jeg har gået en tur på stranden.	Ich bin am Strand spazieren gegangen.
● Dejligt.	Schön.
■ Ja, jeg elsker Vesterhavet tidligt om morgenen.	Ja, ich liebe die Nordsee frühmorgens.
● Så er der heller ikke så mange mennesker.	Dann sind dort auch nicht so viele Menschen.
■ Ja, jeg mødte ikke nogen.	Ja, ich habe niemanden getroffen.
● Forresten: Vi har fået besøg.	Übrigens: Wir haben Besuch bekommen.
■ Er det rigtigt?	Ist das wahr?
● Ja, Bo er kommet.	Ja, Bo ist gekommen.
■ Nej, hvor hyggeligt! Hvor er han henne?	Nein, wie schön! Wo ist er?
● Han er gået til bageren for at hente nogle rundstykker.	Er ist zum Bäcker gegangen, um ein paar Brötchen zu holen.

Bewegungsverben Perfekt
1. mit ***være*** (sein)
Bei **Veränderung** eines Zustands, oft Ortsveränderungen:
Han ***er gået*** *til bageren.* (Er **ist** zum Bäcker **gegangen**).
2. mit ***have*** (haben)
Bei **Dauer** (Aktivität wird betont):
Jeg ***har gået*** *en tur på stranden.* (Ich **bin** am Strand spazieren **gegangen**.)

på *stranden* (**zum/am** Strand)

Vesterhavet (die Nordsee, wörtl. das Westmeer)

mange (viele): zählbar
meget (viel): nicht zählbar

ikke nogen/ikke noget
1. Substantivisch:
ikke nogen (niemand)
ikke noget (nichts)
2. Adjektivisch:
a) Bei *en*-Wörtern:
ikke nogen (kein/-e/-er)
Jeg har ***ikke nogen*** *have.* (Ich habe **keinen** Garten.)
b) Bei *et*-Wörtern:
ikke noget (kein/-e/-er)
Jeg har ***ikke noget*** *hus.* (Ich habe **kein** Haus.)
c) Plural: ***ikke nogen*** (keine)
Vi har ***ikke nogen*** *rundstykker.* (Wir haben **keine** Brötchen.)

Achtung: *møde* (zufällig jemanden treffen)
mødes med (mit Absicht jemanden treffen)

▶ 2/32 Verwechslungsgefahr: *havet* (das Meer), *haven* (der Garten), *havnen* (der Hafen)

Übungen

Wohin ist er gegangen? Geben Sie Ihren besorgten Mitmenschen Auskunft – ist ja alles auch ganz unverfänglich!

1. Verschwunden?

2/33

*Han er gået **til bageren**.*

1. til bageren
2. på stranden
3. i teatret
4. på café
5. til koncert

Perfekt mit *er* oder *har*? Das ist hier die Frage. Zur Not noch einmal auf Seite 113 nachlesen.

2. Lückenfüller

1. Hvor _____ han gået hen?
2. Bo _____ gået til bageren.
3. Hun _____ gået en tur på stranden.
4. De _____ cyklet fyrre kilometer.
5. Lars er her ikke. Han _____ gået.

Nur eine Möglichkeit ist richtig. Sie wissen bestimmt, ob die Sätze bei a oder b richtig enden.

3. Nichts, niemand oder keine?

1. Jeg mødte ikke
   a ☐ noget på stranden.
   b ☐ nogen på stranden.
2. Det gør ikke
   a ☐ noget.
   b ☐ nogen.
3. Jeg har ikke hørt
   a ☐ noget fra ham.
   b ☐ nogen fra ham.
4. De har ikke
   a ☐ noget rundstykker.
   b ☐ nogen rundstykker.

Wenn Sie diese Frage beantworten können, ist die Übung ein Kinderspiel. Zur Erinnerung: *mange* ist zählbar, *meget* nicht.

4. Zählbar oder nicht?

1. Hun har set __________ danske film.
2. Lene havde __________ arbejde i mandags.
3. Der er __________ at se på i København.
4. I aftes spiste vi for __________.
5. Sandra har været i Danmark __________ gange.

Hvem er det?

17 B

2/34

der	der, die das, welche/-s/-r
bade	baden
april	April
som	der, die, das, welche/-s/-r
ham	ihm, ihn
sejle	segeln
man	man
grine	lachen
noget	etwas
mormor	Großmutter (mütterlicherseits)
en tysker	ein/e Deutsche/r

● Kan du huske Mette?	Kannst du dich an Mette erinnern?
■ Nej, hvem er det?	Nein, wer ist das?
● Det er hende, der elskede at bade i Vesterhavet allerede i april.	Das ist die, die schon im April in der Nordsee zu baden liebte.
■ Nå ja. Det er også rigtigt.	Ach ja. Stimmt.
● Og det her er Lars.	Und das hier ist Lars.
■ Er det ham, som Preben altid sejlede med?	Ist das der, mit dem Preben immer segelte?
● Ja, han var sjov. Man kunne altid grine meget med ham.	Ja, er war lustig. Man konnte immer viel mit ihm lachen.
■ Ser du ham stadigvæk?	Triffst du ihn immer noch?
● Nej, desværre ikke. Det er længe siden, jeg hørte noget fra ham.	Nein, leider nicht. Es ist lange her, dass ich etwas von ihm gehört habe.
■ Det var en skam.	Schade!
● Ja, det synes jeg også.	Ja, das finde ich auch.
■ Er det ikke Dorte?	Ist das nicht Dorte?
● Jo.	Doch.
■ Var det ikke hendes mormor, der ikke kunne lide tyskere?	War es nicht ihre Großmutter, die Deutsche nicht mochte?

Relativpronomen
1. *der/som* ersetzen das Subjekt im Relativsatz:
*Det er hende, **der/som** elskede at bade.* (Das ist die, **die** liebte zu baden.)
2. *som/-* ersetzen das Objekt im Relativsatz:
*Det er ham, **som/-** Preben altid sejlede med.* (Das ist der, mit **dem** Preben immer segelte.)

Tipp: *der* oder *som*? Mit Grammatik haben Sie es nicht so? Nehmen Sie einfach *som*, damit liegen Sie immer richtig, denn es kann Subjekte und Objekte ersetzen.

Satzspaltung hebt Satzteile hervor:
***Hun** elskede at bade.* (**Sie** liebte zu baden.) ***Det er hende**, der elskede at bade.* (**Es ist die**, die zu baden liebte.)
*Preben sejlede med **ham**.* (Preben segelte mit **ihm**.)
***Det er ham**, som Preben altid sejlede med.* 2/35 (**Das ist der**, mit dem Preben immer segelte.)
Achtung: *Det er **mig***, der ... (Das bin **ich**, die ...) (vgl. Englisch: It's me, ...)

Monate
januar: Januar
februar: Februar
marts: März
april: April
maj: Mai
juni: Juni
juli: Juli
august: August
september: September
oktober: Oktober
november: November
december: Dezember

17 B

Übungen

Baden Sie auch in diesen Monaten in der Nordsee? Na dann los, sagen Sie's ruhig – soll ja gesund sein ...

1. Nichts für Warmduscher!

2/36

*Hun bader i Vesterhavet **i januar.***

1. i januar
2. i februar
3. i marts
4. i april
5. i maj
6. i juni
7. i juli
8. i august
9. i september
10. i oktober

Wer war es noch gleich? In die Erläuterungen können Sie *der*, *som* oder nichts einsetzen. Erinnern Sie sich noch an die Regeln?

2. Erinnerungslücken

1. Det er hende, __________ altid kommer for sent.
2. Det er ham, __________ flyttede til Norge.
3. Det er dem, __________ vi mødte i går.
4. Det er hende, __________ du talte med i søndags.
5. Det er ham, __________ ikke kunne lide at spille fodbold.

Formulieren Sie die Sätze um. Heben Sie die fettgedruckten Satzteile hervor.

3. Satzspaltung

***Det er hende**, der elsker at spille håndbold.*

1. **Hun** elsker at spille håndbold.
2. **Han** kan ikke lide at gå en tur.
3. **De** er flyttet til Norge.
4. Vi mødte **hende** på stranden i går.
5. Jeg spillede tennis med **ham** i søndags.

Und wann haben Sie Urlaub? Hoffentlich geht's nach Dänemark zum üben!
Hinweis: Datum mit *den*:
am 16. April = *den sekstende april*
Sprechen Sie nach.

4. Endlich Urlaub!

2/37

*Jeg har ferie den **sekstende april**.*

1. 16. april
2. 06. december
3. 03. september
4. 31. marts
5. 04. maj

Nachbarn - aus dänischer Sicht

17

Würstchen, Autos, Autobahnen, Touristen und gelbe Regenmäntel – damit assoziieren die Dänen die typischen Deutschen. Ein weiteres Stereotyp wirft den Deutschen das Streben nach Macht und Expansion vor: Eine historische Hypothek aus dem Deutsch-Dänischen Krieg 1864 und dem Zweiten Weltkrieg. So argumentierten z. B. die Gegner des EU-Beitritts mit der Angst vor einem zu dominanten Deutschland, während die Befürworter die Möglichkeit sahen, durch ein integriertes Deutschland Stabilität zu schaffen.
Das dänische Misstrauen gegenüber ihrem Nachbarn nimmt aber langsam ab: Die heutige Jugend hat ein nuancierteres Bild. Deutschland – vor allem das kulturell quirlige Berlin – ist sogar wieder „in". Zeichen dafür sind neue deutsche Lehnwörter aus den Bereichen experimentelle Kunst, Theater, Literatur, Film, Mode und Gastronomie.
Ein Grund für diese Trendwende ist gewiss der Generationswechsel: Nur noch wenige Dänen haben den 2. Weltkrieg selbst miterlebt. Zudem wirkt der ökonomisch angeschlagene Nachbar offensichtlich weniger bedrohlich als früher. Ein größeres Interesse an deutscher Sprache und Kultur lässt sich jedoch nicht erkennen. Seit 1945 geht der Anteil der Dänen stetig zurück, die Deutsch in der Schule als zweite Fremdsprache wählen. Die Wirtschaft würde sich in diesem Bereich über eine Wende freuen, denn Deutschland ist immer noch wichtigster Außenhandelspartner Dänemarks.

Tysk mindretal i Danmark
(deutsche Minderheit in Dänemark)

- 12.000 bis 20.000 Personen
- Bund deutscher Nordschleswiger, Schleswigsche Partei
- Zeitung: „Der Nordschleswiger"
- 17 Schulen und 24 Kindergärten
- deutsches Gymnasium in *Aabenraa* (Apenrade)

Dansk mindretal i Tyskland
(dänische Minderheit in Deutschland)

- ca. 50.000 Personen
- *Sydslesvigsk Forening* (Südschleswiger Verein), *Dansk Skoleforening for Sydslesvig* (Dänischer Schulverein für Südschleswig), SSW
- Zeitung: *Flensborg Avis* (Flensburg Zeitung) erscheint zweisprachig
- 49 Schulen und 57 Kindergärten

18

Gemütliches Geflimmer

Muhammedkrisen (Karikaturenstreit, wörtl.: die Mohammedkrise)
Der Karikaturenstreit gilt als größte außenpolitische Krise Dänemarks nach dem 2. Weltkrieg. Am 30. September 2005 veröffentlichte die Tageszeitung *Jyllands-Posten* zwölf Karikaturen, die den islamischen Propheten Mohammed zum Thema haben. Daraufhin protestierten weltweit muslimische Organisationen, gab es zahlreiche, teils gewalttätige Demonstrationen, wurden dänische Produkte boykottiert.

Nach einem sonnigen Wochenende werden Sandra und Lene in Århus von Regen und Kälte begrüßt. Also machen sie sich einen ruhigen Abend zu Hause: *Skal vi ikke hygge os med en god bog?* (Sollen wir es uns nicht mit einem guten Buch gemütlich machen?), schlägt Lene vor. Doch Sandra meint: *Er det ikke hyggeligere at se fjernsyn end at læse?* (Ist es nicht netter fernzusehen als zu lesen?). Und schon studiert Lene das Fernsehprogramm: *Der kommer en sjov amerikansk film* (Es kommt ein lustiger amerikanischer Film). Sandra möchte aber unbedingt ihr Dänisch trainieren: *Selv om det ikke lyder dårligt, vil jeg egentlig helst se noget på dansk* (Obwohl das nicht schlecht klingt, möchte ich eigentlich am liebsten etwas auf Dänisch sehen). Und so entscheiden sie sich für *en politisk debat* (eine politische Diskussion) zum Thema Meinungs- und Religionsfreiheit.
Hvad er klokken? (Wie spät ist es?), fragt Sandra. *Den er ti minutter i syv* (Es ist zehn Minuten vor sieben), also noch Zeit bis zur Diskussion, aber *nyhederne begynder om få minutter* (die Nachrichten fangen in wenigen Minuten an). *Så tænder jeg for fjernsynet* (Dann schalte ich den Fernseher ein), beschließt Sandra. Lene interessiert eher der Wetterbericht als die Nachrichten. *Bare vejret ikke bliver lige så dårligt og koldt som i dag!* (Wenn das Wetter nur nicht genauso schlecht und kalt wie heute wird!), hofft auch Sandra. Doch nun machen sie es sich erst einmal mit Wolldecken und Tee vor dem Fernseher gemütlich.

Er det ikke hyggeligere ...?

18 A

▶ 2/38

en bog	ein Buch
hyggeligere	gemütlicher, netter
se fjernsyn	fernsehen
læse	lesen
amerikansk	amerikanisch
selv om	obwohl
politisk	politisch
en debat	eine Diskussion/Debatte
en dokumentarfilm	ein Dokumentarfilm
om	über
et dyr	ein Tier
interessant	interessant
mere interessant	interessanter

■ Nej, hvor det regner!	Nein, wie es regnet!
● Ja, skal vi ikke hygge os med en god bog?	Ja, sollen wir es uns nicht mit einem guten Buch gemütlich machen?
■ Er det ikke hyggeligere at se fjernsyn end at læse?	Ist es nicht netter fernzusehen als zu lesen?
● Jeg kigger i avisen.	Ich schaue in die Zeitung.
■ Hvad kommer der?	Was kommt?
● Der kommer en sjov amerikansk film.	Es kommt ein lustiger amerikanischer Film.
■ Selv om det ikke lyder dårligt, vil jeg egentlig helst se noget på dansk.	Obwohl das nicht schlecht klingt, möchte ich eigentlich am liebsten etwas auf Dänisch sehen.
● Der kommer en politisk debat og en dokumentarfilm om dyr.	Es kommt eine politische Dikussion und ein Dokumentarfilm über Tiere.
■ Debatten er mere interessant end dokumentarfilmen, synes jeg.	Die Diskussion ist interessanter als der Dokumentarfilm, finde ich.

Komparativ
1. *-ere*: gilt für die meisten Adjektive:
hyggelig (gemütlich)
→ *hyggelig**ere*** (gemütlicher)
sjov (lustig)
→ *sjov**ere*** (lustiger)
smuk (schön)
→ *smuk**kere*** (schöner)
2. *mere*: bei mehrsilbigen Adjektiven und Fremdwörtern:
interessant (interessant) → ***mere** interessant* (interessanter)
imponerende (imponierend)
→ ***mere** imponerende* (imponierender)
3. unregelmäßig
god (gut) → ***bedre*** (besser)
gerne (gern) → ***hellere*** (lieber)
gammel (alt) → ***ældre*** (älter)
lille (klein) → ***mindre*** (kleiner)
(s. Grammatik S. 153)

Vergleiche mit ***end*** (als):
*Er det ikke **hyggeligere** at se fjernsyn **end** at læse?*
(Ist es nicht **netter** fernzusehen **als** zu lesen?)

selv om (obwohl)
leitet einen Nebensatz ein:
*Det **lyder ikke** dårligt.* (Es **klingt nicht** schlecht.)
***Selv om** det **ikke lyder** dårligt, ...* (wörtl.: **Obwohl** es **nicht klingt** schlecht, ...)
Im Nebensatz steht *ikke* (nicht) zwischen Subjekt und Verb (s. S. 81 und Grammatik S. 159).

Die Endung *-ere* ▶ 2/39
wird wie eine lange *-er*-Endung ausgesprochen:
*hyggelig**ere*** (gemütlicher, netter), *sjov**ere*** (lustiger), *smuk**kere*** (schöner, hübscher).

debat: Diskussion im Fernsehen, Radio und in der Presse

Übungen

Sie möchten die Abendplanung mitgestalten. Mit gesteigerten Adjektiven wirken Sie überzeugender. Üben Sie.

1. Ist es nicht …?

2/40

*Er det ikke **hyggeligere** at se fjernsyn end at læse?*

1. hyggeligere
2. sjovere
3. mere interessant
4. bedre
5. kedeligere

Können Sie die unregelmäßigen Komparative den Grundformen zuordnen? Hilfe gibt's in der Kurzgrammatik auf S. 153.

2. Was passt zusammen?

1.	god	a ☐	ældre
2.	lille	b ☐	mindre
3.	gammel	c ☐	værre
4.	dårlig	d ☐	bedre
5.	mange	e ☐	flere

Chinesisch? Nein, aus den Buchstaben lassen sich tatsächlich dänische Wörter bilden.

3. Buchstabensalat

1. nistasesren
2. tiospikl
3. sjfyrnen
4. iggheyleerg
5. epinmrodnee

Hier fehlt der Komparativ. Können Sie sich noch erinnern, welche der drei Möglichkeiten für die angeführten Adjektive gilt?

4. Lustiger als …

1. Dogmefilm er ____________ end dokumentarfilm. (sjov)
2. Debatter er ____________ end actionfilm. (interessant)
3. Kjolen til 679 kr. er ____________ end den til 758 kr. (smuk)
4. Vores have er ____________ end jeres. (lille)
5. Sandra vil ____________ se fjernsyn end læse. (gerne)

Klein, aber oho! Welche der angegebenen Konjunktionen macht am meisten Sinn?

5. Ergänzen Sie

selv om – når – hvis – selv om – fordi

1. ________ det ikke lyder dårligt, vil jeg helst læse.
2. Vi tog ikke ud til sommerhuset, ________ det regnede.
3. ________ det regnede, tog de ud til sommerhuset.
4. ________ solen skinner, tager vi til Nordjylland, ikke?
5. Lene tager tit til Nordjylland, ________ hun vil slappe af.

Hvad er klokken?

18 B

2/41

Hvad er klokken?	Wie spät ist es?
et minut	eine Minute
i	vor
nyheder	Nachrichten
begynde	anfangen
om	in
få	wenige
tænde for	anmachen, einschalten
et fjernsyn	ein Fernseher
bare	wenn ... nur
lige så ... som	genauso ... wie
kold	kalt

■ Hvad er klokken?	Wie spät ist es?
● Den er ti minutter i syv.	Es ist zehn Minuten vor sieben.
■ Hvornår kommer debatten?	Wann kommt die Diskussion?
● Klokken otte.	Um acht Uhr.
■ Hvad kommer der nu?	Was kommt jetzt?
● Nyhederne begynder om få minutter.	Die Nachrichten fangen in wenigen Minuten an.
■ Så tænder jeg for fjernsynet. Det vil jeg gerne se.	Dann schalte ich den Fernseher ein. Die möchte ich gern sehen.
● Så får vi også vejrudsigterne med.	Dann bekommen wir auch den Wetterbericht mit.
■ Bare vejret ikke bliver lige så dårligt og koldt som i dag!	Wenn das Wetter nur nicht genauso schlecht und kalt wie heute wird!

Uhrzeiten – normaler Sprachgebrauch:
Klokken otte. (Um acht Uhr.)
*Klokken **halv** otte.* (Um **halb** acht.)
*Klokken **kvart over** otte.* (Um **Viertel nach** acht.)
*Klokken **kvart i** otte.* (Um **Viertel vor** acht.)
*Klokken fem minutter **over** otte.* (Um fünf **nach** acht.)
*Klokken fem **minutter i halv** otte.* (Um fünf **vor halb** acht.)

om (in)+ Zeitpunkt in der Zukunft:
***om** få minutter* (in wenigen Minuten)
***om** tre år* (in drei Jahren)

få (wenige): zählbar
lidt (wenig): nicht zählbar

Hoffnungen mit ***bare*** (wenn ... nur):
***Bare** det ikke regner!*
(**Wenn** es **nur** nicht regnet!)
Achtung: Wortstellung wie in Nebensätzen!

Vergleiche
lige så ... som (genauso ... wie)
*I dag er det **lige så** koldt **som** i går.* (Heute ist es **genauso** kalt **wie** gestern.)

***få* (wenige) und *få* (bekommen)**
Gleiche Aussprache: Der Zusammenhang entscheidet, welche Übersetzung passt.

18 B

Übungen

Automatische Zeitansage? Leider nicht ganz automatisch – Sie müssen schon selber sprechen! Dann geraten Sie bei Fragen nach der Uhrzeit aber auch nicht mehr in Verlegenheit.

1. Wie spät ist es?

2/42

*Den er **kvart over fire**.*

1. kvart over fire
2. tyve minutter i tre
3. fem minutter over halv syv
4. halv ni
5. ti minutter over halv et

Wann fängt der Film an? Sie wissen bestimmt, welche der Möglichkeiten passt, oder?

2. Wann?

1. Um 12:45	a ☐ Klokken kvart over et.
	b ☐ Klokken kvart i et.
2. Um 20:25	a ☐ Klokken fem minutter i halv ni.
	b ☐ Klokken fem minutter over halv ni.
3. Um 06:30	a ☐ Klokken halv syv.
	b ☐ Klokken kvart over seks.
4. Um 16:20	a ☐ Klokken tyve minutter over fire.
	b ☐ Klokken ti minutter i halv fire.

Setzten Sie die richtige Form der Adjektive ein. Achtung: Wenn kein Komparativ vorliegt, müssen Sie Geschlecht und Zahl der Substantive beachten!

3. Vergleiche

1. I dag er vejret lige så ___________ som i går. (dårlig)
2. Bare det bliver ________ i morgen end i dag. (god)
3. Sandra er lige så __________ som Lene. (gammel)
4. Bo er __________ end Sandra og Lene. (gammel)
5. De sorte sko er lige så _______ som de brune. (dyr)

Formulieren Sie die vorgegebenen Sätze als Wünsche. Achtung: Denken Sie an die Stellung der Satzadverbien.

4. Die Hoffnung stirbt zuletzt

*Bare **det ikke regner!***

1. Det regner ikke.
2. Solen skinner.
3. Vi kommer ikke for sent.
4. Det er ikke så koldt som i går.
5. Filmen er ikke dårlig.

Kompromisse und Konsens

18

In der parlamentarischen Monarchie Dänemarks sind *Folketing* (das dänische Parlament) und die Regierung die politisch wichtigsten Organe. Von den 179 Abgeordneten des *Folketing* werden jeweils zwei in Grönland und auf den Färöern gewählt. Die Mandate verteilen sich gemäß der Verhältniswahl, sofern die Sperrklausel von 2 % der abgegebenen Stimmen überschritten wird. Zwischen acht und zehn Parteien schaffen diese 2 %-Hürde.

In Dänemark haben Minderheitsregierungen Tradition, wobei die zu ernennende Regierung keine Mehrheit im *Folketing* gegen sich haben darf. Die Minderheitsregierungen arbeiten zwar meist mit festen Regierungspartnern, doch die Blockbildung ist nicht statisch: Wechselnde Mehrheiten in verschiedenen politischen Fragen sind die Regel und werden von allen Politikern akzeptiert.

Die Legislaturperiode beträgt vier Jahre, ist in der Praxis oft jedoch kürzer, da der Ministerpräsident das Parlament auflösen kann, wenn Neuwahlen vorteilhaft erscheinen oder sogar notwendig werden, weil sich keine Mehrheiten mehr finden.

Auch der Opposition bietet eine Minderheitsregierung gute Möglichkeiten, ihren Einfluss durch ergebnisorientierte Zusammenarbeit geltend zu machen. Die politische Kultur ist daher von Kompromissen und Konsens gekennzeichnet – Nationaltugenden, die auch im sozialen und beruflichen Miteinander eine wichtige Rolle spielen.

Partier (Parteien)
Seit 2007 sind folgende Parteien im *Folketing* vertreten:
- *Venstre* (Die Liberalen mit Ministerpräsident Anders Fogh Rasmussen, 26,3 %)
- *Socialdemokraterne* (Die Sozialdemokraten, 25,5 %)
- *Dansk Folkeparti* (Die Dänische Volkspartei: rechtspopulistisch, 13,8 %)
- *Socialistisk Folkeparti* (Die Sozialistische Volkspartei: Umwelt und Wohlfahrtsstaat, 13,0 %)
- *Det Konservative Folkeparti* (Die Konservative Volkspartei, 10,4 %)
- *Det Radikale Venstre* (Die Sozialliberalen, 5,1 %)
- *Ny Alliance* (Neue Allianz: bürgerlich, proeuropäisch, 2,8 %)
- *Enhedslisten* (Die Einheitsliste: rot-grünes Bündnis, 2,2 %)

19

Was machen wir heute?

Vikingetræf ved Moesgård
(Wikingertreffen bei Moesgård)
Alljährlich am letzten Juliwochenende verwandelt das Moesgård-Museum bei Århus den Moesgård-Strand in ein Wikingerlager. Wikinger aus allen skandinavischen Ländern und aus Großbritannien kommen teilweise in ihren Drachenbooten angesegelt und zeigen zwei Tage ihre Kampf- und Reitkünste. Gehandelt wird mit zeittypischem Kunsthandwerk .

Sandras Besuch in Århus neigt sich langsam aber sicher dem Ende zu. Und mit dem Näherrücken des Vorstellungsgesprächs in *Sønderborg* steigt auch ihre Aufregung. Daher steht heute ein wenig Zerstreuung auf dem Programm.
Ein Museumsbesuch wäre ganz nach Sandras Geschmack. *Hvad slags museum vil du helst gå på?* (In welche Art Museum möchtest du am liebsten gehen?), fragt Lene. *Noget historisk* (Etwas Historisches), findet Sandra, *er mest interessant* (ist am interessantesten). So beschließen sie kurzerhand *Vikingemuseet* (das Wikingermuseum) zu besuchen. Aber Århus hat noch mehr in Sachen Wikinger zu bieten, denn *lige nu er der også et vikingemarked* (gerade gibt es auch einen Wikingermarkt). *Lige som for tusind år siden* (Genau wie vor tausend Jahren), berichtet Lene euphorisch. Na, dann ist Ablenkung ja garantiert.
Schlendernd stöbern die beiden über den Markt. *Måske skulle jeg købe en gave til min bror?* (Vielleicht sollte ich ein Geschenk für meinen Bruder kaufen?), überlegt Sandra, denn ihr Bruder ist ein großer Wikingerfan: *Han er vild med dem* (Er ist von ihnen begeistert). Neugierig fragt Lene: *Hvad vil du give ham?* (Was möchtest du ihm schenken?) Sandra ist nicht sicher: *Måske noget af træ* (Vielleicht etwas aus Holz). *Hvad med et skib?* (Wie wäre es mit einem Schiff?), schlägt Lene vor. Eine sehr gute Idee, er hat zwar *allerede mange* (schon viele), aber ein Wikingerschiff mehr kann nicht schaden.

Lige som for tusind år siden

19 A

2/43

et museum	ein Museum
historisk	historisch
mest interessant	am interessantesten
en viking	ein Wikinger
et vikingemuseum	ein Wikingermuseum
lige nu	im Augenblick, gerade, jetzt
et marked	ein Markt
lige	genau
som	wie
for … siden	vor
en by	eine Stadt
ældst	am ältesten

● Hvad slags museum vil du helst gå på?	In welche Art Museum möchtest du am liebsten gehen?
■ Jeg synes, noget historisk er mest interessant.	Ich finde, etwas Historisches ist am interessantesten.
● Hvad så med vikingemuseet?	Wie wäre es dann mit dem Wikingermuseum?
■ Det lyder godt.	Das klingt gut.
● Lige nu er der også et vikingemarked i Århus.	Gerade gibt es auch einen Wikingermarkt in Århus.
■ Fint.	Prima.
● Ja, det skal være lige som for tusind år siden.	Ja, es soll genau wie vor tausend Jahren sein.
■ Hvad for en dansk by er egentlig ældst? Er det Århus?	Welche dänische Stadt ist eigentlich am ältesten? Ist das Århus?
● Nej, Ribe er ældst, men Århus er også meget gammel.	Nein, Ribe ist am ältesten, aber Århus ist auch sehr alt.

Superlativ
1. *-ere* → *-(e)st:*
*hyggelig**ere*** (gemütlicher) → *hyggelig**st*** (am gemütlichsten)
*sjov**ere*** (lustiger) → *sjov**est*** (am lustigsten)
*smukk**ere*** (schöner) → *smukk**est*** (am schönsten)
2. *mere* → *mest*:
***mere** interessant* (interessanter) → ***mest** interessant* (am interessantesten)
***mere** imponerende* (imponierend) → ***mest** imponerende* (am imponierendsten)
3. unregelmäßig:
bedre (besser) → ***bedst*** (am besten)
hellere (lieber) → ***helst*** (am liebsten)
ældre (älter) → ***ældst*** (am ältesten)
(s. Grammatik S. 153)

Zeitpunkt in der Vergangenheit:
for** to år **siden (**vor** zwei Jahren)

Welche/-r/-s?
1. mündlich:
***Hvad for en** by?* (Welche Stadt?)
***Hvad for et** værelse?* (Welches Zimmer?)
***Hvad for nogen** sko?* (Welche Schuhe?)
2. Schriftsprache:
***Hvilken** by?* (Welche Stadt?)
***Hvilket** værelse?* (Welches Zimmer?) ***Hvilke** sko?* (Welche Schuhe?)

2/44 **Langes und kurzes æ:** wie in ähnlich: *æble* (Apfel), *bælte* (Gürtel), *længe* (lange), *ældst* (am ältesten) **Hinweis**: Wie beim kurzen *e: fem* (fünf), *men* (aber), *hen* (hin)

Übungen

Sprechen Sie zunächst einfach nach. Über ihre tatsächlichen Vorlieben können Sie anschließend nachdenken.

1. Vorlieben

2/45

Hvad slags museum *kan du bedst lide?*

1. hvad slags museum
2. hvad for en farve
3. hvad slags bøger
4. hvad for et billede
5. hvad for nogen støvler

Oh je, die unregelmäßigen Steigerungen. Hier fehlt die jeweilige Grundform. Hilfe finden Sie in der Kurzgrammatik auf S. 153.

2. Notieren Sie

1.	________	bedre	bedst
2.	________	ældre	ældst
3.	________	hellere	helst
4.	________	mindre	mindst
5.	________	større	størst

Hier fehlen nur die Übersetzungen der gesteigerten Adjektive. Das ist bestimmt kein Problem, oder?

3. Ergänzen Sie

1. Ribe er ________________________ end Århus. (älter)
2. Sandra vil ________________ gå på museum. (am liebsten)
3. Museer er ________________ end slotte. (interessanter)
4. Noget historisk er ______________. (am interessantesten)
5. Ribe er ____________, men Århus er også meget gammel. (am ältesten)

Wie muss der Satz richtig weitergehen? Achten Sie auf die Zeiten der Verben, dann ist es gar nicht so schwer. Zur Not müssen Sie noch mal die Übersicht der Zeitbestimmungen in der Kurzgrammatik studieren.

4. In, vor oder für?

1.	Han boede i England	a ☐	for tre år siden.
		b ☐	om tre år.
2.	Skal vi ikke i teatret	a ☐	for 2 uger siden?
		b ☐	om to uger?
3.	De har været i sommerhus	a ☐	i en uge.
		b ☐	om en uge.
4.	Nyhederne begynder	a ☐	i få minutter.
		b ☐	om få minutter.

Han er vild med dem

19 B

2/46

købe	kaufen
være interesseret i	interessiert sein an
vild	begeistert
Norden	die skandinavischen Länder
største	größte
et vikingetræf	ein Wikingertreffen
ved	bei
sjoveste	lustigste
give	hier: schenken
af	aus
træ	Holz
et skib	ein Schiff
sine	seine

■ Når jeg nu er på et vikingemarked, skulle jeg måske købe en gave til min bror.	Wenn ich jetzt auf einem Wikingermarkt bin, sollte ich vielleicht ein Geschenk für meinen Bruder kaufen.
● Er han interesseret i vikinger?	Ist er an Wikingern interessiert?
■ Ja, han er vild med dem.	Ja, er ist von ihnen begeistert.
● Har han nogensinde været til Nordens største vikingetræf ved Moesgård?	Ist er jemals auf dem größten Wikingertreffen Skandinaviens bei Moesgård gewesen?
■ Ja, det var det sjoveste vikingetræf, han nogensinde har været til.	Ja, das war das lustigste Wikingertreffen, auf dem er jemals gewesen ist.
● Hvad vil du give ham?	Was möchtest du ihm schenken?
■ Måske noget af træ.	Vielleicht etwas aus Holz.
● Hvad med et skib?	Wie wäre es mit einem Schiff?
■ Ja, måske. Han har allerede mange, men han er også meget glad for sine skibe.	Ja, vielleicht. Er hat schon viele, aber ihm gefallen seine Schiffe auch sehr.

Superlativ: *e*-Form
nach bestimmten Artikeln, Possessivpronomen und Genitiven:
Nordens ***største*** *vikingetræf* (das **größte** Wikingertreffen Skandinaviens)
det ***sjoveste*** *vikingetræf* (das **lustigste** Wikingertreffen)

være vild ***med*** *noget* (**von** etwas begeistert sein)

Reflexive Possessivpronomen 3. Person Singular
sin, sit, sine (sein/-e, ihr/-e) bei Bezug zum Subjekt desselben Satzes:
1. *en*-Wörter:
Han er glad for ***sin*** *bil.* (Ihm gefällt **sein** (**eigenes**) Auto.)
Han er glad for ***hans*** *bil.* (Ihm gefällt **sein** (**das eines anderen**) Auto.)
2. *et*-Wörter: *Hun er i* ***sit*** *sommerhus.* (Sie ist in **ihrem** (**eigenen**) Ferienhaus).
Hun er i ***hendes*** *sommerhus.* (Sie ist in **ihrem** (**dem einer anderen**) Ferienhaus.)
Plural: *Han er glad for* ***sine*** *skibe.* (Ihm gefallen **seine** (**eigenen**) Schiffe.)
Han er glad for ***hans*** *skibe.* (Ihm gefallen **seine** (**die eines anderen**) Schiffe.)

Komposita
1. *-e-*: *viking(****e****)træf* (Wikingertreffen)
2. *-s-*: *land(****s****)hold* (Nationalmannschaft)
3. -: *sommer(-)hus* (Ferienhaus)

Der Artikel für zusammengesetzte Substantive richtet sich, wie im Deutschen, nach dem zweiten Wort.

Übungen

Und wie steht's mit Ihnen? Was sind Ihre Interessen? Hier können Sie sich erst mal zurücklehnen und nachsprechen.

1. Bist du an ... interessiert?

2/47

*Er du interesseret i **vikinger**?*

1. vikinger
2. politiske debatter
3. nyhederne
4. film
5. guldaldermalerne

Hier fehlen die Reflexivpronomen *sin*, *sit* oder *sine*. Es ist immer das gleiche Spiel: *sin* bei *en*-Wörtern, *sit* bei *et*-Wörtern und *sine* beim Plural.

2. Achtung reflexiv

1. Hun tager til børnehaven og henter _______ børn.
2. Han elsker at sejle med _______ skib.
3. Lene er glad for _______ arbejde.
4. Sandra kan ikke finde _______ nøgle.
5. Klaus er hos _______ forældre.

Schon wieder Präpositionen. Bei Bedarf finden Sie Hilfe im Dialog auf der vorigen Seite.

3. Ergänzen Sie

1. Skibene er lavet _____ træ.
2. Hun køber en gave _____ sin bror.
3. I går var de _____ et vikingemarked.
4. To gange har han været _____ vikingetræffet ved Moesgård.
5. Han er vild _____ sine vikingeskibe.

Bilden Sie zusammengesetzte Substantive. Achtung: Denken Sie gegebenenfalls an das Hinzufügen von *e* bzw. *s*.

4. Was gehört zusammen?

1. appelsin	a ☐ hold
2. land	b ☐ film
3. dokumentar	c ☐ hus
4. børn	d ☐ juice
5. sommer	e ☐ have

Wenn Sie diese Sätze problemlos übersetzen können, haben Sie sich eine Pause verdient.

5. Übersetzen Sie

1. Ist er an Wikingern interessiert?
2. Ja, er ist von ihnen begeistert.
3. Was möchtest du ihm schenken?
4. Vielleicht etwas aus Holz.
5. Ihm gefallen seine Schiffe sehr.

Auf den Spuren der Wikinger

19

„Nie zuvor hat sich etwas ähnlich Schreckliches zugetragen", berichtete der englische Gelehrte Alkuin. Das erste bezeugte Wikingergemetzel im nordenglischen Kloster Lindisfarne (793) schockierte Mitteleuropa, besonders weil die Nordgermanen auch heilige Orte nicht verschonten. Vor allem im 9. Jahrhundert gab es kaum ein Mittel gegen die Kriegstechnik der Nordgermanen. Plötzlich und unerwartet erschienen sie mit ihren langen und wendigen Drachenbooten vor den Küsten und Städten bevor sich ernsthafter Widerstand regen konnte. Obwohl die skandinavischen Wikinger oftmals zusammen segelten, waren England und die westeuropäischen Küsten die wichtigsten Ziele und Haupteinnahmequellen der dänischen Beutefahrer. Die Franken nannten die Eindringlinge Normannen. Diese waren dann auch Namensgeber für die nordfranzösische Region Normandie, die seit dem 9. Jahrhundert eroberte wurde. England litt besonders heftig: Trotz horrender Lösegeldzahlungen, dem sogenannten Danegeld, fielen große englische Gebiete zeitweise an Dänemark. Während der Regentschaft von *Knud den Store* (Knut der Große, 995 – 1035) erreichte das dänische Reich seine größte Ausdehnung und umfasste neben Norwegen auch England.

Die Wikingerzeit endete im 11. Jahrhundert mit dem Einzug des Christentums in den mittlerweile gefestigten Königreichen Skandinaviens und dem Ausbau der Handels- und Wirtschaftsbeziehungen. Da waren Plünderungen bei christlichen Nachbarn nicht mehr gerne gesehen.

Mit *viking* war meist eine Schiffsfahrt von Nordgermanen zum Plündern gemeint. *Vikingr* nannte man nur die zugehörige Besatzung, synonym für Pirat oder Räuber. Es gibt somit kein Volk der Wikinger.

Historische Reise in die Wikingerzeit
- Das Nationalmuseum in Kopenhagen: Bildtafeln und Funde
- Das Wikingerschiffsmuseum in *Roskilde*: fünf echte Wikingerschiffe
- Die Wikingerburgen *Trelleborg* und *Aggersborg*
- *Ladbyskibet* (Ladbyschiff): Schiffsgrab
- *Ribe* Wikingerzentrum: lebendiges Museum, mittelalterlicher Marktplatz
- *Jelling*: Grabhügel und Runensteine
- Wikingerzentrum *Fyrkat*
- *Lindholm Høje*: Größte Grabstätte

20

Ich melde mich

Rund ums Arbeiten
en læge
(ein Arzt, eine Ärztin)
en sygeplejerske
(eine Krankenschwester)
en advokat
(ein Anwalt, eine Anwältin)
en lærer
(ein/-e Lehrer/-in)
en håndværker
(ein/-e Handwerker/-in)
en kontorassistent
(ein/-e Büroangestellte/-r)
en ingeniør
(ein/-e Ingenieur/-in)
en studerende
(ein/-e Student/-in)

en ansøgning
(eine Bewerbung)
en curriculum vitæ
(ein Lebenslauf)
en jobsamtale
(ein Vorstellungsgespräch)

Nun ist es soweit: Am frühen Nachmittag muss Sandra den Zug nach *Sønderborg* nehmen. Dort hat sie morgen das Vorstellungsgespräch. Vorher macht sie noch kurz in der Stadt die letzten Besorgungen. Als sie zurückkommt, begrüßt Lene sie: *Jeg skal hilse dig fra Bo* (Ich soll dich von Bo grüßen), und konkretisiert: *Han ringede for en time siden* (Er hat vor einer Stunde angerufen). Sandra will gleich zum Telefon: *Så ringer jeg lige tilbage* (*Dann rufe ich mal eben zurück*). Doch Lene weiß zu berichten: *Du kan ikke få fat i ham lige nu* (Du kannst ihn im Augenblick nicht erreichen). Sandra ist ein bisschen enttäuscht: *Han sagde, at han ville ringe på din mobil lidt senere* (Er sagte, dass er dich etwas später auf deinem Handy anrufen will), muntert Lene sie auf.
Am Bahnhof heißt es dann endgültig Abschied nehmen. *Jeg er lidt nervøs* (Ich bin etwas aufgeregt), räumt Sandra ein. *Tag det nu roligt! Du klarer det nok* (Nur ruhig! Du schaffst es bestimmt), versucht Lene Sandra zu beruhigen. *Jeg ville ønske, det allerede var overstået* (Ich wünschte, dass es bereits überstanden wäre), seufzt Sandra. Lene macht ihr Mut: *Jeg krydser fingre fordig* (Ich drücke dir die Daumen), und schließt sie zum Abschied in die Arme: *Du ringer efter jobsamtalen, ikke?* (Du rufst nach dem Vorstellungsgespräch an, nicht?). Klar wird Sandra sich melden. Bei der Abfahrt des Zuges ruft Lene Sandra noch ein *Held og lykke!* (Viel Glück!) zu. Schon geht's auf nach *Sønderborg*.

Han sagde, at ...

20 A

2/48

ringe	anrufen
en time	eine Stunde
lige	eben, gerade
tilbage	zurück
få fat i	erreichen
at	dass
en mobil	ein Handy
senere	später
spørge	fragen
han spurgte	er fragte
om	ob
af sted	los, fort, weg

● Jeg skal hilse dig fra Bo.	Ich soll dich von Bo grüßen.
■ Har han ringet?	Hat er angerufen?
● Ja, han ringede for en time siden.	Ja, er hat vor einer Stunde angerufen.
■ Så ringer jeg lige tilbage.	Dann rufe ich mal eben zurück.
● Du kan ikke få fat i ham lige nu.	Du kannst ihn im Augenblick nicht erreichen.
■ Det var en skam!	Schade!
● Han sagde, at han ville ringe på din mobil lidt senere.	Er sagte, dass er dich etwas später auf dem Handy anrufen will.
■ Fint.	Prima.
● Ellers spurgte han, om du havde det godt, og hvornår du skulle af sted.	Sonst fragte er, ob es dir gut geht und wann du los musst.
■ Ok.	Okay.

Indirekte Rede
1. Präsens und Perfekt im Haupt- **und** Nebensatz
2. Präteritum im Haupt- **und** Nebensatz; Achtung: Im Dänischen kein Konjunktiv!
„Jeg vil ringe senere."
(Ich werde später anrufen.)
1. *Han **siger**, at han **vil ringe** senere.* (Er **sagt**, dass er später **anrufen will/wolle; wörtl.: will**)
2. *Han **sagde**, at han **ville ringe** senere.* (Er **sagte**, dass er später anrufen **will/wolle**, wörtl.: **wollte**)
„Har hun det godt?" (Geht es ihr gut?)
1. *Han **spørger**, om du **har** det godt.* (Er **fragt**, ob es dir gut **geht**; wörtl.: ..., ob du es gut **hast**)
2. *Han **spurgte**, om du **havde** det godt.* (Er **fragte**, ob es dir gut **geht**; wörtl.: ..., ob du es gut **hattest**)

*ringe **på** mobilen*
(auf dem Handy anrufen)

Vokal ø: 2/49
1. langes ø: wie in Löwe: *købe* (kaufen), *øl* (Bier), *sø* (See)
2. kurzes ø: vor *-m*, *-n*, wie in Köpfe: *søndag* (Sonntag), *søn* (Sohn), *svømme* (schwimmen) **Hinweis**: Wie beim *y* nach *r*: *bryst* (Brust), *ryg* (Rücken)
3. vor -r wie nördlich: *jeg gør* (ich mache), *lørdag* (Samstag), *spørge* (fragen)

2/50 **Zungenbrecher**:
Nun haben Sie es fast geschafft: Na dann versuchen Sie es doch mal mit dem Zungenbrecher aus Lektion 1: *Rød grød med fløde.*

20 A

Übungen

Oha, Sie müssen Ihrer Bekannten oder Arbeitskollegin etwas ausrichten. Aber Sie wissen ja nun, wie man direkte Rede in indirekte umformt.

1. Kann ich was ausrichten?

Han spurgte, ***om du havde det godt.***

1. Har hun det godt?
2. Hvornår skal hun af sted?
3. Vil hun ringe tilbage?
4. Hvornår kan jeg få fat i hende?
5. Hvornår skal hun være i Sønderborg?

Geben Sie die Sätze in indirekter Rede wider. Denken Sie daran: In Nebensätzen haben die Zentraladverbien eine veränderte Position.

2. Was sagt er?

Han siger, at han ikke kan komme i dag.

1. Jeg kan ikke komme i dag.
2. Jeg er ikke rask igen.
3. Jeg har stadigvæk ondt i halsen.
4. Jeg får det nok bedre i morgen.
5. Jeg kommer igen på arbejde i morgen.

Obwohl Sie die Konjunktionen nicht im Schlaf beherrschen, können Sie trotzdem die passenden einsetzen. Warum? Weil Sie gut im Knobeln sind.

3. Kinoeinladung

1. Han spørger, ______ vi vil med i biografen.
2. Han siger, ______ der kommer en god actionfilm.
3. Vi kan kun komme med, _____ vi ikke skal arbejde over.
4. ______ Lone ikke kan lide actionfilm, vil hun også med.
5. Hun vil alligevel med, ______ hun er vild med skuespilleren.

Wenn Sie sich die Verben zusammen mit den Präpositionen eingeprägt haben, gibt's hier keine Probleme. Sonst hilft nur Nachschlagen in der Wörterliste oder Zurückblättern.

4. Unvollständig

1. Du kan ikke få fat _____ ham.
2. Sandra er meget interesseret _____ håndbold.
3. Bo er vild _____ actionfilm.
4. Hun tænder _____ fjernsynet.
5. Det kommer an _____ vejret.

Im Dänischen kann das ø auch ohne nachfolgenden Doppelkonsonanten kurz sein. Hören Sie und sprechen Sie nach.

5. Langes oder kurzes ø?

▶ 2/51

1. søn
2. købe
3. fløde
4. forkølet
5. tømmermænd
6. svømme
7. søndag
8. nevø
9. rød
10. øst

Held og lykke!

20 B

2/52

nervøs	nervös, hier: aufgeregt
rolig	ruhig, gelassen
Tag det roligt!	Nur ruhig!, Abwarten!
klare	schaffen
ønske	wünschen
jeg ville ønske	ich wünschte
overstå	überstehen
krydse fingre	Daumen drücken
efter	nach
en jobsamtale	ein Vorstellungsgespräch
Held og lykke!	Viel Glück!

■ Det har været rigtig hyggeligt.	Es war wirklich nett.
● Det synes jeg også. God tur!	Das finde ich auch. Gute Fahrt!
■ Tak skal du have. Jeg er lidt nervøs.	Vielen Dank! Ich bin etwas aufgeregt.
● Tag det nu roligt! Du klarer det nok!	Nur ruhig! Du schaffst es bestimmt!
■ Jeg ville ønske, det allerede var overstået.	Ich wünschte, dass es bereits überstanden wäre.
● Jeg krydser fingre for dig.	Ich drücke dir die Daumen.
■ Tak skal du have.	Vielen Dank!
● Du ringer efter jobsamtalen, ikke?	Du rufst nach dem Vorstellungsgespräch an, nicht?
■ Jo, det skal jeg nok.	Ja, das werde ich machen.
● Held og lykke!	Viel Glück!
■ Tusind tak!	Tausend Dank!

Konjunktiv
keine besondere Verbform, sondern Präteritum, häufig von Modalverben:
*Jeg **ville ønske**, det allerede **var** overstået.* (Ich **wünschte**, dass es bereits überstanden **wäre**; wörtl.: ..., dass es bereits überstanden **war**.)

Partizip
der unregelmäßigen Verben auf ***-å*** → ***-et***:
stå (stehen) → *stod* (stand) → *st**ået*** (**gestanden**)
*overst**å*** → *overst**ået***
(überstehen → **überstanden**)

Jeg krydser fingre for dig. (Ich drücke dir die Daumen, wörtl.: Ich kreuze Finger für dich.)

Held og lykke! (Viel Glück!, wörtl.: Glück und Glück!)

Nach diesem Einstieg können Sie schon eine ganze Menge. Bleiben Sie am Ball, wenn man sich erst einmal an die Aussprache gewöhnt hat, ist Dänisch gar nicht so schwer.

20 B

Übungen

Wünsche über Wünsche, und alle im Konjunktiv. Aber der ist im Dänischen ja ganz leicht. Sprechen Sie nach. Und wovon träumen Sie? Sie haben drei Wünsche frei.

1. Ich wünschte, ...

2/53

*Jeg ville ønske, **det allerede var overstået**.*

1. det allerede var overstået
2. jeg ikke skulle tage af sted
3. jeg havde ferie
4. jeg havde sommerhus
5. jeg ikke skulle arbejde over

Hier geht es um das Wortfeld Arbeit. Welche Wörter passen nicht dazu?

2. Was passt nicht?

1. en ansøgning
2. en læge
3. folketing
4. en jobsamtale
5. nyhederne
6. en sygeplejerske
7. et dyr
8. et fjernsyn
9. en advokat
10. en curriculum vitæ

Formulieren Sie im Konjunktiv. Zur Erinnerung: Im Dänischen nimmt man einfach das Präteritum.
Achtung: Denken Sie bei Satz 5 auch an die veränderte Wortstellung.

3. Hätte, wäre ...

Jeg ville ønske, jeg var rask.

1. Jeg er rask.
2. Jeg har sommerhus.
3. Jeg har ferie i et år.
4. Jeg kan rejse til Norge.
5. Jeg skal ikke arbejde.

Aufmunterungen und Zuspruch erhalten die Freundschaft.

4. Übersetzen Sie

1. Viel Glück!
2. Ich drücke dir die Daumen!
3. Gute Fahrt!
4. Nur ruhig!
5. Du schaffst das bestimmt!

Gläserne Bürger

20

Wer sich nicht nur als Tourist in Dänemark aufhält, benötigt eine CPR-Nummer, die man nach Erhalt der Aufenthaltsgenehmigung mit der Registrierung im *Folkeregister* (Personenstandsregister) beantragt. Diese Nummer fungiert als Eintrittskarte, ohne die in Dänemark fast nichts geht: Man bekommt keinen Job, nur schwer eine Wohnung, einen Telefonanschluss oder ein Bankkonto. In den öffentlichen Bibliotheken kann man nicht einmal ein Buch entleihen.

Mit dem zehnstelligen Code, der die genaue Identifizierung jeden Bürgers ermöglicht, werden die Dänen seit 1968 zentral erfasst. Das Innenministerium speichert im *Det **C**entrale **P**erson**r**egister* (Zentrales Personenregister) u. a. neben Geburtsdatum, Adressen und Telefonnummern auch Bankverbindungen und das Jahreseinkommen. Und so bekommt jeder Däne im Frühjahr automatisch seine Steuererklärung, die er dann nur noch unterschreiben oder geringfügig ändern muss.

Die Datenschutzgesetze sind zwar streng, doch rein technisch könnte das Innenministerium problemlos herausfinden, welche Bücher seine Bürger lesen oder welche Untersuchungen sie im Krankenhaus machen lassen. Im Gegensatz zu Deutschland hegen die Dänen aber solche Ängste nicht. Im Gegenteil: Häufig wird von offizieller Seite sogar vor einem zu laxen Umgang mit der CPR-Nummer gewarnt. Viele veröffentlichen z. B. ihre Nummer zusammen mit Namen, Adresse und Telefonnummer auf Webseiten im Internet und öffnen so dem Missbrauch Tür und Tor. Zur digitalen Registrierung haben die Dänen ein entspanntes Verhältnis – typisch dänisch halt.

Nützliche Adressen

- Informationen über Aufenthalt und Arbeitsaufnahme in Dänemark:
  www.daenemark.org
  www.workindenmark.dk
- Die Aufenthaltserlaubnis wird beantragt bei den Gemeinden des künftigen Wohnortes und den ihnen übergeordneten Regionalverwaltungen:
  www.statsforvaltning.dk
  www.eogs.dk
- Anerkennung ausländischer Berufsausbildungen bei der *Erhvervs- og Selsskabsstyrelsen* (= Behörde des Wirtschafts- und Arbeitsministeriums)
- Hilfe bei der Stellensuche in Dänemark:
  www.europaserviceba.de
  www.eures.dk
- Örtliche Arbeitsämter:
  www.jobnet.dk

T Test 5

Wenn Sie auch diese landeskundlichen Aufgaben lösen können, werden Sie mit Sicherheit Eindruck schinden.

1. Welche Antwort stimmt?

1. Aus dänischer Sicht ist Deutschland ...
   a ☐ der wichtigste Außenhandelspartner.
   b ☐ der wichtigste Heringsimporteur.
   c ☐ der Lieferant der meisten Lehnwörter.

2. Das *Folketing* ist ...
   a ☐ eine dänische Volkstracht.
   b ☐ das dänische Parlament.
   c ☐ der Name der dänischen Minderheit.

3. Im politische System in Dänemark ...
   a ☐ haben Minderheitsregierungen Tradition.
   b ☐ gibt es immer feste Blockbildungen.
   c ☐ werden Kompromisse grundsätzlich abgelehnt.

4. In Roskilde kann man ...
   a ☐ Wikingerschiffe besichtigen.
   b ☐ die größte Grabstätte der Wikinger besuchen.
   c ☐ sich als Wikinger verkleiden und Gelage feiern.

5. Das Hauptziel der dänischen Wikinger war ...
   a ☐ Schottland.
   b ☐ das Baltikum.
   c ☐ England.

6. Die CPR-Nummer ist die ...
   a ☐ Telefonnummer des Prinzen (Christian Public Relations).
   b ☐ Kontonummer der Hauptstadt-Info (Copenhagen-PR).
   c ☐ persönliche Identifikationsnummer der Dänen.

Na, welche Antwort passt? Klappt vermutlich problemlos, oder?

2. Fragen und Antworten

1. Hvor har du været henne?	a ☐ Klokken syv.
2. Ser du ham stadigvæk?	b ☐ Måske noget af træ.
3. Hvad er klokken?	c ☐ Jo, det skal jeg nok.
4. Hvornår kommer nyhederne?	d ☐ Ja, for en time siden.
5. Er han interesseret i vikinger?	e ☐ På stranden.
6. Hvad vil du så give ham?	f ☐ Ja, han er vild med dem.
7. Har han ringet?	g ☐ Nej, desværre ikke.
8. Du ringer efter jobsamtalen, ikke?	h ☐ Den er halv ti.

3. Was fehlt?

1. Han henter _____ rundstykker.
   a ☐ nogen
   b ☐ noget
   c ☐ nogle

2. Det er lige så koldt _____ i går.
   a ☐ som
   b ☐ så
   c ☐ end

3. Lene er _______ end Sandra.
   a ☐ gammel
   b ☐ gammelt
   c ☐ ældre

4. Det skal være lige som _____ tusind år siden.
   a ☐ om
   b ☐ for
   c ☐ i

5. Han er meget glad for _____ skibe.
   a ☐ sin
   b ☐ sit
   c ☐ sine

6. Han sprørger, _____ hun har det godt.
   a ☐ om
   b ☐ når
   c ☐ at

Ein letztes Mal werden hier ihre Grammatikkenntnisse getestet. Zeigen Sie, was Sie drauf haben!

4. Wie sagt man auf Dänisch?

1. Ich liebe die Nordsee.
2. Kannst du dich an Mette erinnern?
3. Obwohl das nicht schlecht klingt, möchte ich lieber lesen.
4. Die Nachrichten fangen in wenigen Minuten an.
5. Århus ist auch sehr alt.
6. Vielleicht sollte ich ein Geschenk für meinen Bruder kaufen.
7. Du kannst ihn im Augenblick nicht erreichen.
8. Ich drücke dir die Daumen!

Wow! Geschafft. Bleiben Sie am Ball. Die schwierigste Hürde haben Sie nun genommen. Dänisch ist gar nicht so schwer, wenn man sich erst mal an die Aussprache gewöhnt hat.

L Lösungsschlüssel

1 A Übungen

1. Sprechen Sie einfach nach (Betont wird meistens die erste Silbe.) **1.** København (Kopenhagen, Hauptstadt Dänemarks) **2.** Roskilde **3.** Kalundborg **4.** Nyborg **5.** Fåborg **6.** Helnæs **7.** Sønderborg **8.** Ålborg **9.** Esbjerg **10.** Holbæk

2. Welche Erwiderung passt? 1. b **2.** a **3.** a

3. Buchstabensalat 1. undskyld **2.** selv tak **3.** ledig **4.** stol **5.** København

4. Welche Übersetzung passt? 1. d **2.** b **3.** a **4.** e **5.** c

5. Schweigen ist Gold 1. sel**v** **2.** de**t** **3.** un**d**skyl**d** **4.** Roskil**d**e **5.** Sven**d**bor**g** **6.** Sø**re**n **7.** Esbjer**g** **8.** Ska**gen** **9.** ledi**g** 10 Nybor**g**

1 B Übungen

1. Ich heiße ... (Tipp für die Aussprache des weichen *d*, das für ungewohnte Ohren manchmal wie ein l klingt: Positionieren Sie die Zungenspitze an die untere Zahnreihe und wölben Sie die Zungenmitte nach vorne. Zum Üben können Sie die Zunge auch ganz herausstrecken. So vermeiden Sie ein l und ein englisches th.) **1.** Karen Blixen (Schriftstellerin mit dem Pseudonym Tania Blixen: „Afrika, dunkel lockende Welt") **2.** Peter Høeg (Schriftsteller: „Fräulein Smillas Gespür für Schnee") **3.** Jørn Utzon (Architekt) **4.** H.C. Ørsted (Physiker) **5.** Lars von Trier (Filmemacher, Dogmafilme) **6.** H.C. Andersen (Autor, berühmt v. a. für seine Kunstmärchen) **7.** Poul Henningsen (Designer: PH-Lampen; Autor, Architekt) **8.** Ole Kirk Christiansen (Spielzeugmacher: Erfinder von Lego) **9.** Michael Laudrup (ehemaliger Fußballspieler) **10.** Søren Kierkegaard (Philosoph und Schriftsteller)

2. Lückenfüller 1. hvad **2.** hedder **3.** med **4.** taler **5.** skal

3. Nur eine Antwort passt (*og* heißt „und") **1.** b **2.** a **3.** b **4.** b

4. a oder ä? 1. ä **2.** a (kurz vor *k*) **3.** ä **4.** a (kurz vor *r*) **5.** ä **6.** a (kurz vor *m*) **7.** ä (*have* = haben, nicht: *have* = Garten) **8.** a (kurz nach *r*, *Randers* = Stadt auf Jütland) **9.** ä **10.** ä, a (kurz vor *r*)

2 A Übungen

1. Immer schön sparsam! 1. un**d**skyl**d** **2.** dejli**g**t **3.** ledi**g** (Denken Sie an das weiche *d*.) **4. h**va**d** **5. h**vo**r** (Das *r* wird vokalisiert.) **6. h**vo**r**dan (Das *r* wird vokalisiert.) **7.** ha**ve** **8.** sel**v** (Das *s* ist immer stimmlos.) **9.** de**t** **10.** syn**e**s (stimmloses *s*)

2. Was passt zusammen? 1. c **2.** a (manchmal auch e) **3.** b **4.** e (manchmal auch a) **5.** d

3. Qual der Wahl 1. b **2.** b (*det* heißt sowohl „es" wie auch „das".) **3.** a **4.** a

4. Wörter über Wörter 1. Velkommen til København. **2.** Hvordan går det med dig? **3.** Tak, det går fint. **4.** Hvor er det dejligt at se dig igen. **5.** Ja, det synes jeg også.

5. Wie geht's hier wem? 1. jer **2.** ham **3.** hende **4.** dem **5.** Dem (Großschreibung beim Siezen!)

2 B Übungen

1. Ganz anders (Denken Sie daran, auch die Endung *-et* wird weich gesprochen. Tipp: Üben Sie das weiche *d* doch einmal, indem Sie es mit einem großen Keks im Mund versuchen zu sprechen. Seien Sie nicht enttäuscht, wenn es nicht gleich klappt: Das weiche *d* muss man viel üben, irgendwann klappt's!) **1.** hedder (weiches d) **2.** reserveret (weiches d) **3.** goddag (Silbenanfang: deutsches d) **4.** navnet (weiches d) **5.** ledig (weiches d) **6.** værelset (weiches d) **7.** wienerbrød (weiches d) **8.** det (Wortanfang: deutsches d) **9.** Haderslev (weiches d, Stadt in Jütland) **10.** dansk (Wortanfang: deutsches d)

2. Welche Zimmernummer? 1. et **2.** to **3.** tre **4.** fire **5.** fem **6.** seks **7.** syv **8.** otte **9.** ni **10.** ti

3. Schlagfertig 1. Goddag! **2.** Mit navn er Vorname Nachname. (Auf formelle Fragen mit *De* den Nachnamen nicht vergessen!) **3.** Tak./Tak skal du have! **4.** Tak skal du have! (In diesem Fall wäre ein einfaches *tak* zu kurz.) **5.** Tak, det går fint.
4. Der, die oder das? (Endet das Substantiv bereits auf *e,* wird nur *-n* bzw. *-t* angehängt.) **1.** n **2.** t **3.** et **4.** en **5.** t
5. Übersetzen Sie 1. Hvad hedder De? **2.** Mit navn er (Vorname Nachname). **3.** De har værelse nummer otte. Her er nøglen. **4.** Tak! **5.** Værsgo.

3 A Übungen

1. Wie findest du ...? 1. Hvad synes du om De**t** Kong**e**lige Teater? **2.** Hvad synes du om Den Lille Havfru**e**? **3.** Hvad synes du om Amalienbor**g** Slot? **4.** Hvad synes du om Danmark? **5.** Hvad synes du om Køb**e**nhavn? (Die „stummen" Buchstaben sind fett.)
2. Er oder sie oder es? (Denken Sie daran: *den* bei *en*-Wörtern und *det* bei *et*-Wörtern.) **1.** Det **2.** Det **3.** Den **4.** Den **5.** den
3. Wichtige Kleinigkeiten 1. d **2.** b **3.** b **4.** c
4. Übersetzen Sie 1. Det er Det Kongelige Teater. **2.** Og det er Amalienborg Slot. **3.** Her bor Dronningen. **4.** Der sidder Den Lille Havfrue. **5.** Hvor er den lille!
5. Etwas einsilbig 1. c **2.** e **3.** d **4.** a **5.** b

3 B Übungen

1. Sollen wir ...? 1. Skal vi gå derhen? **2.** Skal vi tage metroen? **3.** Skal vi tage bussen? **4.** Skal vi kigge på Den Lille Havfrue? **5.** Skal vi reservere et værelse?
2. Ergänzen Sie 1. kan **2.** Kan **3.** Skal **4.** kan **5.** Skal (Vorschläge immer mit *skal,* Fähigkeiten und Möglichkeiten mit *kan*!)
3. Mit oder ohne r? 1. kigge på **2.** tager **3.** tage **4.** tale **5.** taler (Zusammen mit Modalverben immer den Infinitiv, also die *e*-Form!)
4. Wie lauten die Fragen? 1. Hvordan går det (med dig)? **2.** Hvad hedder du? **3.** Hvor bor du? **4.** Hvad synes du om det/Det Kongelige Teater? **5.** Hvad er det?
5. Kleines Einmaleins (In Multiplikationen übersetzt man das „mal" mit *gange*: 4 x 4 = *fire gange fire.*) **1.** b **2.** c **3.** a **4.** e **5.** d

4 A Übungen

1. Ich nehme ... 1. Jeg skal have en kop kaffe. **2.** Jeg skal have en øl. **3.** Jeg skal have en danskvand. **4.** Jeg skal have en kop kakao. **5.** Jeg skal have en appelsinjuice.
2. Welche Reaktion passt? 1. b **2.** a **3.** b **4.** a
3. Übersetzen Sie 1. Hvad skal du have? **2.** Jeg skal have et glas vin. **3.** Hvad skal du have at spise? **4.** Måske et stykke kage.
4. Achtung Wortstellung! 1. Så tager jeg også et glas vin. **2.** Så spiser jeg en tomatsalat. **3.** Så kan jeg kigge på København. **4.** Så kan vi tage metroen. **5.** Så går vi derhen. (Denken Sie daran: Das Verb steht in Hauptsätzen **immer** an zweiter Position.)
5. a oder ä? 1. ä (*have* = haben) **2.** ä **3.** a (Präsensform *tager* mit a, Infinitivform *tage* mit ä!) **4.** ä **5.** ä, ä **6.** a **7.** ä, ä **8.** a **9.** ä **10.** a

4 B Übungen

1. Moneten 1. Det bliver seksogtredive kroner. **2.** Det bliver fireogtres kroner. **3.** Det bliver otteoghalvfjerds kroner. **4.** Det bliver syvoghalvtreds kroner. **5.** Det bliver nioghalvfems kroner.
2. Fehlerteufel 1. b **2.** a **3.** a **4.** a (Die Pluralendungen muss man leider genau wie den Artikel auswendig lernen. Angaben zum Plural finden Sie in der Wörterliste.)

3. Lückenfüller 1. gerne (Zur Erinnerung: Beim Bestellen darf das *gerne* nicht fehlen, wenn man nicht unhöflich sein möchte!) **2.** stykker **3.** sammen **4.** hele **5.** bliver
4. Was macht es? 1. c **2.** b **3.** e **4.** a **5.** d

T 1 Test

1. Welche Antwort stimmt? 1. a **2.** c **3.** c **4.** b **5.** b **6.** a
2. Fragen und Antworten 1. d (Er den her stol ledig? Ja, det er den.) **2.** f (Hvad hedder du? Ole Madsen.) **3.** a (Hvordan går det? Tak, fint.) **4.** b (Hvad er det? Det er Amalienborg Slot.) **5.** e (Hvor bor du? I Hamborg.) **6.** g (Hvad synes du om slottet? Det er smukt.) **7.** c (Hvad skal du have at spise? Et stykke kage.) **8.** h (Hvad skal det være? Jeg vil gerne have en kop kaffe.)
3. Was fehlt? 1. c (Hvad med dig?) **2.** b (Mit navn er Tove Larsen.) **3.** a (Hvad synes du om København?) **4.** a (Vi kan kigge på Den Lille Havfrue.) **5.** b (Hvad skal du have at spise?) **6.** a (Jeg vil gerne have et stykke smørrebrød.)
4. Wie sagt man auf Dänisch? 1. Goddag. **2.** Jeg hedder ... **3.** Værsgo. **4.** Hvordan går det med dig? **5.** Jeg er lidt træt. **6.** Hvad synes du om slottet? **7.** Det er smukt. **8.** Jeg vil gerne have en øl.

5 A Übungen

1. Sollen wir nicht ...? 1. Skal vi ikke til koncert? **2.** Skal vi ikke se guldaldermalerne? **3.** Skal vi ikke på café? **4.** Skal vi ikke tage bussen? **5.** Skal vi ikke i teatret?
2. Was passt? 1. a (Bewegungsverben werden üblicherweise ausgelassen.) **2.** b (Modalverben immer mit dem Infinitiv, also der *e*-Form.) **3.** b **4.** a
3. Was fehlt? 1. guldaldermalerne (Ausnahme: das *-e* des unbestimmten Plurals guldaldermaler**e** fällt beim bestimmten Plural weg) **2.** aviserne **3.** nøglerne **4.** værelserne **5.** stolene
4. Theaterenthusiasten 1. I aften skal vi i teatret. **2.** I morgen skal vi i teatret. **3.** I eftermiddag skal vi i teatret. **4.** I dag skal vi i teatret. **5.** I morgen aften skal vi i teatret.

5 B Übungen

1. Nächsten Sonntag um sieben ... 1. På søndag klokken syv. **2.** fem **3.** seksten (fire) **4.** atten (seks) **5.** tolv
2. Wortsalat 1. Hvornår skal vi til koncert? **2.** Hvad med på søndag? **3.** På søndag har jeg ikke tid./Jeg har ikke tid på søndag. **4.** Hvorfor har du ikke tid på søndag? **5.** Jeg skal mødes med min søster.
3. Mut zur Lücke 1. på **2.** i **3.** – **4.** i **5.** på
4. Vorfreude 1. Jeg glæder mig til på mandag. (von *måne* = Mond) **2.** Jeg glæder mig til på tirsdag. (*Tyr* = Kriegsgott) **3.** Jeg glæder mig til på onsdag. (*Odin* = höchster Gott) **4.** Jeg glæder mig til på torsdag. (*Thor* = Wetter- und Fruchtbarkeitsgott) **5.** Jeg glæder mig til på fredag. (*Freja* = Liebes- und Fruchtbarkeitsgöttin) **6.** Jeg glæder mig til på lørdag. (*laug* → *bad* = Bad: Waschtag) **7.** Jeg glæder mig til på søndag. (sunna → *solen* = Sonne)

6 A Übungen

1. Und weiter schön sparsam! 1. li**de** **2.** og**så** **3.** ik**ke** **4.** rigti**g** **5.** mor**gen** **6.** af**ten** **7.** fodbol**d** **8.** torsda**g** **9.** bar**e** **10.** det
2. Was mögen Sie? 1. Jeg kan godt lide **at** spille fodbold. (Auf Deutsch klingt das etwas umständlich: Ich kann gut leiden **zu** spielen Fußball, das ***at*** muss aber bei Infinitivkonstruktionen immer dabei sein.) **2.** Jeg kan godt lide **at** synge. **3.** Jeg kan godt lide udstillingen. **4.** Jeg kan godt lide **at** tale dansk. **5.** Jeg kan godt lide jazz.
3. Nicht zu unterschätzen 1. d („auch nicht"; bitte **nicht** wörtlich mit *også ikke* übersetzen) **2.** a **3.** b **4.** e **5.** c

4. In der Kürze liegt die Würze **1.** Ja, det er jeg. (Natürlich können sie auch alle Antworten verneinen: Nej, det ... jeg ikke.) **2.** Ja, det kan jeg godt. (Das **godt** darf nicht fehlen. Es bedeutet nicht, dass man das gut kann, sondern nur dass man es mag.) **3.** Ja, det har jeg. **4.** Ja, det skal jeg. **5.** Ja, det vil jeg gerne. (Auch hier darf das **gerne** nicht fehlen!)
5. Übersetzen Sie **1.** Jeg håber, du kan lide fodbold. **2.** Jeg kan ikke lide at spille fodbold. **3.** Det kan jeg heller ikke lide. (Achtung: auch nicht = *heller ikke*) **4.** Det gør ikke noget. **5.** Bare du kan lide at synge.

6 B Übungen

1. Sportlich, sportlich **1.** En gang om ugen spiller jeg håndbold. (*om ugen* = pro/in der Woche, weil das regelmäßig geschieht) **2.** En gang om ugen spiller jeg fodbold. **3.** En gang om ugen spiller jeg tennis. **4.** En gang om ugen spiller jeg badminton. **5.** En gang om ugen spiller jeg golf.
2. Rund um die Schläger **1.** b **2.** d **3.** e **4.** a **5.** c
3. Eben nicht! **1.** Jeg spiller ikke bordtennis. **2.** Jeg kan ikke lide at cykle. **3.** Om aftenen løber jeg ikke. **4.** På lørdag skal jeg ikke på café. **5.** Jeg glæder mig ikke til kampen. (Die Satzadverbien – wie *ikke* – stehen in Hauptsätzen immer nach Subjekt und Verb.)
4. Lückenfüller **1.** om **2.** i **3.** på **4.** - **5.** om
5. Ich, ich, ich **1.** Jeg hedder (Vorname Name). **2.** Jeg bor i Ort. **3.** Jeg kan godt lide at ... **4.** Jeg kan ikke lide at ... **5.** Jeg glæder mig til ... (Ergänzen Sie Ihre Angaben.)

7 A Übungen

1. Orientierung verloren? **1.** Undskyld, hvordan kommer jeg til Trianglen? **2.** Undskyld, hvordan kommer jeg til Kongens Have? **3.** Undskyld, hvordan kommer jeg til Amalienborg Slot? **4.** Undskyld, hvordan kommer jeg til Den Lille Havfrue? **5.** Undskyld, hvordan kommer jeg til Det Kongelige Teater?
2. Lückenfüller **1.** til **2.** ud **3.** til **4.** forbi **5.** igen
3. Rechts, links oder geradeaus? **1.** e **2.** b **3.** a **4.** c **5.** d
4. Übersetzen Sie **1.** Kan du sige mig, hvordan jeg kommer til Parken? (Achtung: In Dänemark duzt man auch Unbekannte!) **2.** Ja, du skal lige ud, til du kommer til søen. **3.** Så skal du forbi søen. **4.** Og så skal du anden vej til venstre. („nehmen" bleibt im Dänischen unübersetzt, die zweite = *anden vej* = den zweiten Weg.)
5. Mit Ordnungszahlen zum Ziel **1.** Det er første vej til højre. **2.** anden **3.** tredje **4.** fjerde **5.** femte **6.** sjette **7.** syvende **8.** ottende **9.** niende **10.** tiende

7 B Übungen

1. Sie müssen ... **1.** Du skal hen ad Østerbrogade. **2.** Du skal videre lige ud. **3.** Du skal over krydset. **4.** Du skal tredje vej til højre. **5.** Du skal forbi Kongens Have.
2. Vokabeltest **1.** vorbei **2.** entlang **3.** gegenüber **4.** über **5.** rechter Hand
3. Hin oder hin? **1.** Hvor skal du hen? (Wohin gehst du? = Wo willst du **hin**?) **2.** Hvor bor du henne? (Wo wohnst du? Frage: wo?) **3.** Hvor er du henne? (Wo bist du? Frage: wo?) **4.** Du skal hen ad Nørrebrogade. **5.** Vi står henne ved teatret.
4. Nicht zu unterschätzen **1.** c **2.** b **3.** a **4.** e **5.** d
5. Müssen, wollen oder können? **1.** skal **2.** vil **3.** Skal **4.** Kan **5.** skal

8 A Übungen

1. Danke für ...! **1.** Tak for invitationen! **2.** Tak for i aften! **3.** Tak for i dag! **4.** Tak for kaffe! **5.** Tak for sidst!
2. Ergänzen Sie **1.** Kom (Ohne Endung entfällt der Doppelkonsonant!) **2.** Hav **3.** Dans **4.** Kom **5.** Sig

3. Wortsalat 1. Undskyld, jeg kommer for sent. **2.** Det gør ikke noget. **3.** Jeg er meget ked af det. **4.** Jeg kunne ikke finde vej. **5.** Vi sidder ude i haven.
4. Wo oder wohin? 1. ude **2.** ud **3.** henne **4.** hen **5.** henne
5. Übersetzen Sie 1. Undskyld, vi kommer for sent. (Im Dänischen wird „dass" häufig ausgelassen.) **2.** Det gør ikke noget. **3.** Jo, jeg er meget ked af det. **4.** Jeg kunne ikke finde vej. (Achtung: Im Dänischen steht *vej* nicht in der bestimmten Form!) **5.** Det er i orden. Vi sidder ude i haven.

8 B Übungen

1. Darf ich um ... bitten? 1. Må jeg bede om rødkålen? **2.** Må jeg bede om vinen? **3.** Må jeg bede om juicen? **4.** Må jeg bede om kaffen? **5.** Må jeg bede om leverpostejen?
2. Mit oder ohne t? 1. godt **2.** fint **3.** godt **4.** smukt **5.** dejligt (Von Adjektiven abgeleitete Adverbien erhalten immer ein *-t.*)
3. Immer schön höflich 1. Vil du godt give mig opskriften? **2.** Vil du godt sige det igen? **3.** Vil du godt give mig nøglerne? **4.** Vil du godt hente aviserne? **5.** Vil du godt hente kopperne? (Achtung: Die Verben erhalten alle ein *-e*, stehen also zusammen mit dem Modalverb *vil* im Infinitiv.)
4. Müssen, dürfen oder ...? 1. Må **2.** Vil **3.** skal **4.** Skal **5.** vil
5. Was passt? 1. c **2.** e **3.** a **4.** b **5.** d

T 2 Test

1. Welche Antwort stimmt? 1. b **2.** c **3.** a **4.** c **5.** c **6.** b
2. Fragen und Antworten 1. d (Skal vi ikke til koncert? Jo, det lyder godt.) **2.** a (Hvornår? På lørdag, klokken syv.) **3.** f (Kan du lide at sejle? Ja, det kan jeg godt.) **4.** b (Dyrker du sport? Ja, det gør jeg.) **5.** h (Hvor tit? En gang om ugen.) **6.** c (Hvordan kommer jeg til søen? Du skal lige ud.) **7.** e (Må jeg bede om vinen? Ja. Værsgo.) **8.** g (Hvor er du henne? Jeg står henne ved krydset.)
3. Was fehlt? 1. b (Skal vi ikke i teatret i morgen?) **2.** a (På tirsdag skal jeg til koncert.) **3.** a (Jeg spiller håndbold om onsdagen.) **4.** c (Så skal du lige ud.) **5.** b (Du skal forbi slottet.) **6.** a (Han står henne ved teatret.)
4. Wie sagt man auf Dänisch? 1. Jeg vil gerne i teatret. **2.** Jeg glæder mig til at se din søster igen. **3.** Jeg håber, du kan lide fodbold. **4.** Undskyld, kan du sige mig, hvordan jeg kommer til slottet? **5.** Vil du godt sige det igen? **6.** Må jeg bede om vinen? **7.** Det gør ikke noget. **8.** Tak for mad!

9 A Übungen

1. Es fährt ein Zug um ... 1. Der går et tog klokken tolv femogfyrre **2.** ni treoghalvtreds **3.** seksten femogtredive **4.** syv nul tre **5.** toogtyve syvogtyve
2. Was passt nicht? Zum Wortfeld Bahnhof gehören: **1.** en billet (eine Fahrkarte) **2.** skifte (umsteigen) **3.** et spor (ein Gleis) **5.** afgang (Abfahrt) **6.** et tog (ein Zug) **9.** en hovedbanegård (ein Hauptbahnhof). Die Außenseiter sind: **4.** et kryds (eine Kreuzung) **7.** gennem haven (durch den Garten) **8.** en opskrift (ein Rezept) **10.** mad (Essen).
3. Am Bahnhof 1. billet **2.** der (Hvornår går der et tog lørdag formiddag? Im Dänischen muss *der* bei unbestimmten Subjekten – *et tog* – stehen.) **3.** spor **4.** skifte **5.** i
4. Übersetzen Sie 1. Jeg vil gerne have en returbillet til København. **2.** Hvornår går der et tog til Skagen mandag eftermiddag? (Die adverbialen Bestimmungen der Zeit und des Ortes stehen am Ende des Satzes, wobei die des Ortes vor denen der Zeit stehen.) **3.** Der afgår et tog klokken femten femogtyve. **4.** Skal jeg skifte? **5.** Ja, du skal skifte i Århus. (Achtung: In Dänemark wird geduzt.)
5. i oder e? i bei **3.** bliver, **5.** billet (trotz des Doppelkonsonanten!), **6.** vi, **7.** spise. e bei **1.** ikke, **2.** indenfor, **4.** lidt, **8.** til, **9.** drikke, **10.** imponerende

9 B Übungen

1. Langes oder kurzes e? langes *e*: **1. 3. 4. 6. 7.** kurzes *e*: **2. 5. 8. 9. 10.**
2. Ende gut, alles gut? 1. – (Imperativ) **2.** -e (Infinitiv nach Modalverb: *skal*) **3.** – (Imperativ) **4.** -mer (Präsens) **5.** -me (Infinitiv nach Modalverb: *kan*)
3. Mir oder mich? 1. dig **2.** hende **3.** os **4.** ham **5.** dem **6.** mig
4. Fit für den Abschied 1. b **2.** d **3.** e **4.** c **5.** a

10 A Übungen

1. Was hast du gestern gemacht? 1. Jeg sejlede med færgen. **2.** Jeg cyklede. **3.** Jeg hentede Lise. **4.** Jeg spillede fodbold. **5.** Jeg kiggede på København.
2. Was passt? 1. d **2.** a **3.** b **4.** c **5.** e
3. Gestern ... 1. var **2.** så **3.** spillede **4.** spiste **5.** kom (Bei den regelmäßigen Verben müssen Sie wissen, ob sie das Präteritum mit *-ede* oder mit *-te* bilden. Die Angaben finden Sie in der Vokabelliste bei den jeweiligen Infinitiven.)
4. Was hat Sandra letzte Woche gemacht? 1. Vi kiggede på København. **2.** Vi spiste smørrebrød. **3.** Vi så guldaldermalerne. **4.** Vi var til fodbold i Parken. **5.** Vi mødte Lise.
5. Langes oder kurzes o? langes *o*: **2.** to, **3.** god, **6.** mod, **9.** stol, kurzes *o*: **1.** kom, **4.** godt, **5.** slot, **7.** os, **8.** hos, **10.** kold

10 B Übungen

1. Nachgeplapper 1. Vi havde meget arbejde i går. **2.** Vi havde meget arbejde i forgårs. **3.** Vi havde meget arbejde i torsdags. **4.** Vi havde meget arbejde i fredags. **5.** Vi havde meget arbejde i morges.
2. Sah oder sehte? 1. a **2.** b **3.** a **4.** b
3. Klassische Reaktionen 1. b **2.** d **3.** a **4.** e **5.** c
4. Lückenfüller 1. i **2.** på **3.** om **4.** I **5.** i
5. Langes oder kurzes u? langes *u*: **1.** du, **2.** hun, **4.** uge, **5.** kunne, **7.** nu, **10.** ude kurzes *u*: **3.** nummer, **6.** nul, **8.** smuk, **9.** undskyld

11 A Übungen

1. Hast du jemals ...? 1. Har du nogensinde set Adams Æbler? **2.** Har du nogensinde været i Grønland? **3.** Har du nogensinde set Den Lille Havfrue? **4.** Har du nogensinde været i Parken? **5.** Har du nogensinde spist et stykke smørrebrød?
2. Was passt? 1. c **2.** d **3.** e **4.** a **5.** b (Signalwörter fürs Perfekt sind 1., 2. und 3.)
3. Endung gut, alles gut 1. -et **2.** -t **3.** været **4.** set **5.** -t **6.** -et (Verben, die im Präteritum auf *-ede* enden, enden im Perfekt auf *-et*. Verben, die im Präteritum auf *-te* enden, enden im Perfekt auf *-t*.)
4. Qual der Wahl 1. b **2.** a **3.** a **4.** a (Jeder Satz enthält ein Signalwort für das Perfekt, also muss das jeweilige Partizip Perfekt folgen. Bei den übrigen handelt es sich jeweils um Präteritumformen.)

11 B Übungen

1. Wie lange ...? 1. Hvor længe har du arbejdet hos Arla? **2.** Hvor længe har du boet i København? **3.** Hvor længe har du talt med Preben? **4.** Hvor længe har du været i Århus? **5.** Hvor længe har du spillet fodbold?
2. Perfekt oder Präteritum? 1. a (b geht nicht, weil sie dann nicht mehr in Århus wohnen würde.) **2.** b **3.** b **4.** a
3. Wortsalat 1. Kan du huske Preben? **2.** Han boede i England i to år. (Hier kann auch Perfekt verwendet werden, wenn man ausdrücken möchte, dass er immer noch in England wohnt.) **3.** Men nu bor han igen i Århus. **4.** Hvor længe har du arbejdet hos Arla? **5.** I tre år.
4. Lückenfüller 1. i **2.** i **3.** I **4.** på **5.** i

12 A Übungen

1. Ein voller Erfolg **1.** Jeg synes, filmen var god. **2.** Jeg synes, filmen var sjov. **3.** Jeg synes, filmen var fin. **4.** Jeg synes, filmen var fantastisk. **5.** Jeg synes, filmen var smuk.
2. Ergänzen Sie **1.** til **2.** af **3.** for **4.** til **5.** om
3. Gut oder gut? **1.** sjov **2.** godt **3.** hyggelig **4.** hyggeligt **5.** smukt
4. Lückenfüller **1.** allerede **2.** endnu **3.** alligevel **4.** næsten **5.** Måske

12 B Übungen

1. Das macht nichts, weil ... **1.** Det gør ikke noget, fordi skuespillerne er rigtig gode. **2.** Det gør ikke noget, fordi billederne er smukke. **3.** Det gør ikke noget, fordi effekterne er gode. **4.** Det gør ikke noget, fordi filmen er sjov. **5.** Det gør ikke noget, fordi billederne er fantastiske.
2. Jedem das Seine **1.** gode (Nicht verwirren lassen: Die Pluralform von *en film* lautet *film*.) **2.** dårlige **3.** fantastiske **4.** dårlige **5.** sjov
3. Ergänzen Sie, aber wo? **1.** Hun ser tit actionfilm i biografen. **2.** Han kan ikke lide dem, fordi de tit er kedelige. **3.** Derfor går han tit ikke med i biografen. **4.** Hun kommer tit for sent. **5.** Hun kommer for sent, fordi hun tit ikke kan finde vej.
4. Macht gar nichts **1.** Det gør ikke noget, fordi skuespillerne tit er rigtig gode. **2.** Det gør ikke noget, fordi Preben også kommer for sent. **3.** Det gør ikke noget, fordi jeg allerede har set filmen. **4.** Det gør ikke noget, fordi jeg allerede har spist. **5.** Det gør ikke noget, fordi jeg også er træt.

T 3 Test

1. Welche Antwort stimmt? **1.** b **2.** c **3.** a **4.** c **5.** b **6.** b
2. Fragen und Antworten **1.** c (Hvornår går der et tog? Klokken 13:15 fra spor to.) **2.** a (Vil du godt hilse hende fra mig? Ja, det skal jeg nok.) **3.** f (Mødte du Lise? Jeg det gjorde jeg.) (Hier wäre auch Antwort b möglich.) **4.** b (Har du set filmen? Ja, to gange.) **5.** h (Hvad går der? En dansk actionfilm.) **6.** e (Hvor længe har du været der? I tre år.) **7.** d (Hvad slags film kan du lide? Dogmefilm.) **8.** g (Hvad lavede I i går? Vi var i teatret.)
3. Was fehlt? **1.** c (Hvornår går der et tog på lørdag?) **2.** a (Vil du godt hilse ham fra mig?) **3.** a (Vi var til middag hos hende.) **4.** c (I tirsdags arbejdede jeg over.) **5.** a (Landsholdet spillede rigtig godt i fredags.) **6.** b (Filmen var sjov.)
4. Wie sagt man auf Dänisch? **1.** Jeg vil gerne have en billet til Århus. **2.** Det har været rigtig hyggeligt. **3.** Hav det godt! **4.** Tak i lige måde. **5.** Hvor er det længe siden! **6.** Det var en skam. **7.** Har du nogensinde set en dansk film? **8.** Hvad slags film kan du lide?

13 A Übungen

1. Ich hätte gern ... **1.** Jeg kunne godt tænke mig en rød kjole. **2.** Jeg kunne godt tænke mig et gråt bælte. **3.** Jeg kunne godt tænke mig et par brune bukser. **4.** Jeg kunne godt tænke mig en blå nederdel. **5.** Jeg kunne godt tænke mig et par sorte støvler. (In Kopenhagen, der Modehauptstadt Skandinaviens, findet zweimal jährlich die *Copenhagen Fashion Week* statt. Die Modewoche gilt als die größte Veranstaltung ihrer Art in Nordeuropa.)
2. Ende gut, alles gut **1.** gul **2.** gule **3.** blåt **4.** sorte **5.** brune
3. Ergänzen Sie **1.** en **2.** nogle **3.** et **4.** et **5.** nogle
4. Übersetzen Sie **1.** Jeg kunne godt tænke mig et sort jakkesæt. **2.** Her er nogle sorte jakkesæt. (*jakkesæt* Sg. = Pl.) **3.** Det her er smukt, synes jeg. **4.** Ja, det prøver jeg. **5.** Hvad størrelse bruger du?
5. Welche Größe? **1.** Jeg bruger størrelse seksogtredive. **2.** Jeg bruger størrelse otteogtredive. **3.** Jeg bruger størrelse fyrre. **4.** Jeg bruger størrelse toogfyrre. **5.** Jeg bruger størrelse fireogfyrre. **6.** Jeg bruger størrelse seksogfyrre. **7.** Jeg bruger størrelse otteogfyrre. **8.** Jeg bruger størrelse tooghalvtreds. **9.** Jeg bruger størrelse fireoghalvtreds. **10.** Jeg bruger størrelse seksoghalvtreds.

13 B Übungen

1. Besser als ... **1.** Den er bedre end den røde kjole. **2.** Det er bedre end det sorte slips. **3.** De er bedre end de brune støvler. **4.** Den er bedre end den grønne frakke. **5.** Den er bedre en den hvide skjorte.
2. Glauben oder meinen? **1.** a **2.** b **3.** a **4.** b
3. Lückenfüller **1.** røde **2.** smuk **3.** brune **4.** røde **5.** smukt
4. Beim Shoppen **1.** ellers **2.** for **3.** Måske **4.** end **5.** alligevel

14 A Übungen

1. Meine bucklige Verwandtschaft **1.** Det er min fætters nye kæreste. **2.** Det er mine forældre. **3.** Det er min søster. **4.** Det er min bror. **5.** Det er min kone.
2. Mein oder meine? **1.** mine **2.** min **3.** Mit **4.** mine **5.** Mit
3. Alles neu macht der Mai **1.** nye **2.** nye **3.** nyt **4.** ny **5.** nye
4. Wer suchet, der findet! **1.** a **2.** a **3.** b **4.** a

14 B Übungen

1. Wie geht's ...? **1.** Hvordan går det med dine søskende? **2.** Hvordan går det med dine forældre? **3.** Hvordan går det med dine børn? **4.** Hvordan går det med dine døtre? **5.** Hvordan går det med dine brødre?
2. Wie die Zeit vergeht **1.** gamle **2.** gammel **3.** gammel **4.** gammelt **5.** gammelt
3. Sein oder nicht sein? **1.** er **2.** har **3.** Har **4.** er **5.** Har
4. Was passt nicht? Zum Wortfeld Familie gehören: **1.** kone (Ehefrau) **2.** mand (Ehemann) **4.** søn (Sohn) **5.** forældre (Eltern) **6.** bror (Bruder) **8.** søster (Schwester) **9.** søskende (Geschwister) **10.** børn (Kinder). Außenseiter sind: **3.** billede (Bild) **7.** skjorte (Hemd).
5. Übersetzen Sie **1.** Hvordan går det med din bror? oder Hvordan har din bror det? **2.** Godt. Han har fået et barn. **3.** Hvor gammelt er barnet? **4.** Det er syv uger gammelt. **5.** Hvad hedder det?

15 A Übungen

1. Ich habe Schmerzen **1.** Jeg har ondt i hovedet. **2.** Jeg har ondt i halsen. **3.** Jeg har ondt i maven. **4.** Jeg har ondt i ryggen. **5.** Jeg har ondt i foden.
2. Unangenehme Folgen **1.** har sovet **2.** har drukket **3.** har spist **4.** er flyttet **5.** har haft
3. Lernfähig **1.** sov **2.** drak **3.** spiste **4.** flyttede **5.** havde
4. Ergänzen Sie **1.** i **2.** nok **3.** bare **4.** ikke **5.** heller
5. Übersetzen Sie **1.** Hvordan går det? oder Hvordan har du det? **2.** Ikke særlig godt. **3.** Hvad er der i vejen? **4.** Jeg har ondt i hånden og i foden. **5.** Er du syg? **6.** Det håber jeg ikke.

15 B Übungen

1. Du solltest lieber ... **1.** Du må hellere blive i sengen. **2.** Du må hellere sove lidt. **3.** Du må hellere drikke varm te. **4.** Du må hellere gå til lægen. **5.** Du må hellere tage nogle halstabletter.
2. Wortsalat **1.** Har du det bedre? **2.** Nej, jeg har meget ondt i halsen. **3.** Du må hellere blive i sengen i dag. **4.** Skal jeg ringe til en læge? **5.** Nej, jeg får det nok bedre i morgen.
3. Dürfen, müssen oder sollen? **1.** Må jeg ryge her? **2.** Nej, du må ikke ryge her. **3.** Du må hellere blive i sengen i dag. **4.** Du må hellere tage nogle halstabletter. **5.** Jeg må gå nu.
4. Präpositionen **1.** i **2.** i **3.** til **4.** på **5.** på

16 A Übungen

1. Pure Begeisterung? 1. Det kommer an på vejret. **2.** Det kommer an på, hvordan vejret bliver. **3.** Det kommer an på, hvad det koster. **4.** Det kommer an på, hvordan jeg har det. **5.** Det kommer an på hotellet.

2. Never ending story ... 1. i **2.** på **3.** I **4.** i **5.** Om

3. Wortsalat 1. Jeg skal i teatret i weekenden. **2.** Skal vi ikke til Skagen i morgen? **3.** Lene og Sandra var til koncert i lørdags. **4.** Lars har boet i Århus i fem år. **5.** Lone tager tit til København om søndagen. (Achtung: Ort immer vor Zeit!)

4. Mut zur Lücke 1. når **2.** fordi **3.** at/- **4.** når **5.** fordi

5. Übersetzen Sie 1. Skal vi ikke i biografen i weekenden? (Hinweis: Verben der Bewegung werden häufig ausgelassen, vgl. S. 35.) **2.** Jeg kunne godt tænke mig at slappe lidt af. **3.** Eller vi tager ud til sommerhuset. **4.** Det gør jeg tit, når jeg vil slappe af. **5.** Det lyder godt. Men det kommer an på vejret.

16 B Übungen

1. Nicht immer verlässlich 1. Hvad gør vi, hvis det regner? **2.** Hvad gør vi, hvis det stormer? **3.** Hvad gør vi, hvis det blæser? **4.** Hvad gør vi, hvis det sner? **5.** Hvad gør vi, hvis det er tåget?

2. Wenn oder wenn? 1. hvis **2.** når **3.** hvis **4.** når **5.** hvis

3. Was passt nicht? Zum Wortfeld Wetter gehören: **1.** vejret (das Wetter) **2.** solen (die Sonne) **4.** blæser (ist windig) **6.** tåget (neblig) **7.** overskyet (bedeckt) **8.** sner (schneit) **10.** tordner (donnert). Außenseiter sind: **3.** seng (Bett) **5.** ondt (weh) **9.** maven (der Magen/Bauch)

4. Ein Kinderspiel 1. til **2.** til **3.** i **4.** til (Bewegung) **5.** på

5. Vorlieben 1. Jeg vil helst tage ud til sommerhuset. **2.** Jeg vil helst blive hjemme. **3.** Jeg vil helst hygge mig i weekenden. **4.** Jeg vil helst slappe af. **5.** Jeg vil helst gå i biografen i aften.

T 4 Test

1. Welche Antwort stimmt? 1. b **2.** a **3.** c **4.** b **5.** a **6.** c

2. Fragen und Antworten 1. d (Hvad størrelse bruger du? Fyrre.) **2.** f (Er de ikke for dyre? Jo, det synes jeg også.) **3.** g (Hvem er det? Det er min fætter.) **4.** b (Hvor gamle er de? To og fire.) **5.** h (Hvad er der i vejen? Jeg har ondt i halsen.) **6.** c (Har du også feber? Måske lidt.) **7.** a (Hvordan har du det? Ikke særlig godt.) **8.** e (Hvordan bliver vejret? Det bliver solskinsvejr.)

3. Was fehlt? 1. c (Her er nogle røde kjoler.) **2.** c (Den er bedre end den røde kjole.) **3.** c (Han og hans kone kunne ikke få ferie.) **4.** a (De er flyttet til Norge.) **5.** b (Du må hellere blive i sengen.) **6.** b (Det gør jeg tit, når jeg vil slappe af.)

4. Wie sagt man auf Dänisch? 1. Jeg kunne godt tænke mig en rød kjole. **2.** Den klæder dig rigtig godt. **3.** Nu skal vi hilse på mine forældre. **4.** De har fået to børn. **5.** Jeg har ondt i hovedet. **6.** I morgen får jeg det nok bedre. **7.** Så kan du også blive helt rask igen. **8.** Hvad gør vi, hvis det regner?

17 A Übungen

1. Verschwunden? 1. Han er gået til bageren. **2.** Han er gået på stranden. **3.** Han er gået i teatret. **4.** Han er gået på café. **5.** Han er gået til koncert.

2. Lückenfüller 1. er **2.** er **3.** har **4.** har **5.** er

3. Nichts, niemand oder keine? 1. b **2.** a **3.** a **4.** b

4. Zählbar oder nicht? 1. mange **2.** meget **3.** meget **4.** meget **5.** mange

17 B Übungen

1. Nichts für Warmduscher! 1. Hun bader i Vesterhavet i januar. **2.** Hun bader i Vesterhavet i februar. **3.** Hun bader i Vesterhavet i marts. **4.** Hun bader i Vesterhavet i april. **5.** Hun bader i Vesterhavet i maj. **6.** Hun bader i Vesterhavet i juni. **7.** Hun bader i Vesterhavet i juli. **8.** Hun bader i Vesterhavet i august. **9.** Hun bader i Vesterhavet i september. **10.** Hun bader i Vesterhavet i oktober.
2. Erinnerungslücken 1. der/som **2.** der/som **3.** som/- **4.** som/- **5.** der/som
3. Satzspaltung 1. Det er hende, der elsker at spille håndbold. **2.** Det er ham, der ikke kan lide at gå en tur. (Achtung: veränderte Wortstellung des Satzadverbs *ikke* im Nebensatz!). **3.** Det er dem, der flyttede til Norge. **4.** Det er hende, som vi mødte på stranden i går. **5.** Det er ham, som jeg spillede tennis med i søndags.
4. Endlich Urlaub! 1. Jeg har ferie den sekstende april. **2.** Jeg har ferie den sjette december. **3.** Jeg har ferie den tredje september. **4.** Jeg har ferie den enogtredivte marts. **5.** Jeg har ferie den fjerde maj.

18 A Übungen

1. Ist es nicht ...? 1. Er det ikke hyggeligere at se fjernsyn end at læse? **2.** Er det ikke sjovere at se fjernsyn end at læse? **3.** Er det ikke mere interessant at se fjernsyn end at læse? **4.** Er det ikke bedre at se fjernsyn end at læse? **5.** Er det ikke kedeligere at se fjernsyn end at læse?
2. Was passt zusammen? 1. d **2.** b **3.** a **4.** c **5.** e
3. Buchstabensalat 1. interessant **2.** politisk **3.** fjernsyn **4.** hyggeligere **5.** imponerende
4. Lustiger als ... 1. sjovere **2.** mere interessant **3.** smukkere (Achtung: Konsonantverdoppelung bei Hinzufügen von Endungen, wenn Konsonanten auf kurze Vokale folgen.) **4.** mindre **5.** hellere
5. Ergänzen Sie 1. Selv om **2.** fordi **3.** Selv om **4.** Hvis **5.** når

18 B Übungen

1. Wie spät ist es? 1. Den er kvart over fire. **2.** Den er tyve minutter i tre. **3.** Den er fem minutter over halv syv. **4.** Den er halv ni. **5.** Den er ti minutter over halv et.
2. Wann? 1. b **2.** a **3.** a **4.** a
3. Vergleiche 1. dårligt (*t*-Form wegen *vejr**et***) **2.** bedre **3.** gammel **4.** ældre **5.** dyre (*e*-Form wegen Plural von *sko*)
4. Die Hoffnung stirbt zuletzt 1. Bare det ikke regner! **2.** Bare solen skinner! **3.** Bare vi ikke kommer for sent! **4.** Bare det ikke er så koldt som i går. **5.** Bare filmen ikke er dårlig.

19 A Übungen

1. Vorlieben 1. Hvad slags museum kan du bedst lide? **2.** Hvad for en farve kan du bedst lide? **3.** Hvad slags bøger kan du bedst lide? **4.** Hvad for et billede kan du bedst lide? **5.** Hvad for nogen støvler kan du bedst lide?
2. Notieren Sie 1. god **2.** gammel **3.** gerne **4.** lille **5.** stor
3. Ergänzen Sie 1. mest interessant **2.** ældre **3.** helst **4.** mere interessant **5.** ældst
4. In, vor oder für? 1. a **2.** b **3.** a **4.** b

19 B Übungen

1. Bist du an ... interessiert? 1. Er du interesseret i vikinger? **2.** Er du interesseret i politiske debatter? **3.** Er du interesseret i nyhederne? **4.** Er du interesseret i film? **5.** Er du interesseret i guldaldermalerne?

2. Achtung reflexiv **1.** sine **2.** sit **3.** sit **4.** sin **5.** sine
3. Ergänzen Sie **1.** af **2.** til **3.** på **4.** til **5.** med
4. Was gehört zusammen? **1.** d appelsinjuice **2.** a lands**s**hold **3.** b dokumentarfilm **4.** e børn**e**have **5.** c sommerhus
5. Übersetzen Sie **1.** Er han interesseret i vikinger? **2.** Ja, han er vild med dem. **3.** Hvad vil du give ham? **4.** Måske noget af træ. **5.** Han er meget glad for sine skibe.

20 A Übungen

1. Kann ich was ausrichten? **1.** Han spurgte, om du havde det godt. **2.** Han spurgte, hvornår du skulle af sted. **3.** Han spurgte, om du ville ringe tilbage. **4.** Han spurgte, hvornår han kunne få fat i dig. **5.** Han spurgte, hvornår du skulle være i Sønderborg. (Achtung: Denken Sie an die Vergangenheitsformen der Verben und an die veränderten Personalpronomen!)
2. Was sagt er? **1.** Han siger, (at) han ikke kan komme i dag. **2.** Han siger, (at) han ikke er rask igen. **3.** Han siger, (at) han stadigvæk har ondt i halsen. **4.** Han siger, (at) han nok får det bedre i morgen. **5.** Han siger, (at) han igen kommer på arbejde i morgen.
3. Kinoeinladung **1.** om **2.** at/- **3.** hvis **4.** Selv om **5.** fordi
4. Unvollständig **1.** i **2.** i **3.** med **4.** for **5.** på
5. Langes oder kurzes ø? Langes ø: **2.** købe **3.** fløde **4.** forkølet **8.** nevø **9.** rød **10.** øst. Kurzes ø: **1.** søn **5.** tømmermænd **6.** svømme **7.** søndag.

20 B Übungen

1. Ich wünschte, ... **1.** Jeg ville ønske, det allerede var overstået. **2.** Jeg ville ønske, jeg ikke skulle tage af sted. **3.** Jeg ville ønske, jeg havde ferie. **4.** Jeg ville ønske, jeg havde sommerhus. **5.** Jeg ville ønske, jeg ikke skulle arbejde over.
2. Was passt nicht? Zum Wortfeld Arbeit gehören: **1.** en ansøgning (eine Bewerbung) **2.** en læge (ein Arzt) **4.** en jobsamtale (ein Vorstellungsgespräch) **6.** en sygeplejerske (eine Krankenschwester) **9.** en advokat (ein Anwalt) **10.** en curriculum vitæ (ein Lebenslauf). Außenseiter sind: **3.** folketing (Name des dänischen Parlaments) **5.** nyhederne (die Nachrichten) **7.** et dyr (ein Tier) **8.** et fjernsyn (ein Fernseher)
3. Hätte, wäre ... **1.** Jeg ville ønske, jeg var rask. **2.** Jeg ville ønske, jeg havde sommerhus. **3.** Jeg ville ønske, jeg havde ferie i et år. **4.** Jeg ville ønske, jeg kunne rejse til Norge. **5.** Jeg ville ønske, jeg ikke skulle arbejde.
4. Übersetzen Sie **1.** Held og lykke! **2.** Jeg krydser fingre for dig! **3.** God tur! **4.** Tag det nu roligt! **5.** Du klarer det nok!

T 5 Test

1. Welche Antwort stimmt? **1.** a **2.** b **3.** a **4.** a **5.** c **6.** c
2. Fragen und Antworten **1.** e (Hvor har du været henne? På stranden.) **2.** g (Ser du ham stadigvæk? Nej, desværre ikke.) **3.** h (Hvad er klokken? Den er halv ti.) **4.** a (Hvornår kommer nyhederne? Klokken syv.) **5.** f (Er han interesseret i vikinger? Ja, han er vild med dem.) **6.** b (Hvad vil du så give ham? Måske noget af træ.) **7.** d (Har han ringet? Ja, for en time siden.) **8.** c (Du ringer efter jobsamtalen, ikke? Jo, det skal jeg nok.)
3. Was fehlt? **1.** c (Han henter nogle rundstykker.) **2.** a (Det er lige så koldt som i går.) **3.** c (Lene er ældre end Sandra.) **4.** b (Det skal være lige som for tusind år siden.) **5.** c (Han er meget glad for sine skibe.) **6.** a (Han spørger, om du har det godt.)
4. Wie sagt man auf Dänisch? **1.** Jeg elsker Vesterhavet. **2.** Kan du huske Mette? **3.** Selv om det ikke lyder dårligt, vil jeg hellere læse. **4.** Nyhederne begynder om få minutter. **5.** Århus er også meget gammel. **6.** Måske skulle jeg købe en gave til min bror. **7.** Du kan ikke få fat i ham lige nu. **8.** Jeg krydser fingre for dig.

Kurzgrammatik K

Phonetik Aussprache

Das dänische Alphabet hat 29 Buchstaben, zusätzlich zum deutschen noch æ, ø, å, die am Ende des Alphabets stehen. C, q, w, x und z kommen nur in Fremdwörtern und Eigennamen vor, ß und die Umlaute ä, ö, ü sind nicht gebräuchlich. Die dänische Aussprache weicht häufig vom Schriftbild ab: Viele Buchstaben werden verschluckt und zusammengezogen. Besonderes schwierig ist die Aussprache der Vokale: Ein Buchstabe kann unterschiedlich ausgesprochen werden oder gleiche Laute können durch verschiedene Buchstaben widergegeben werden. Die feinen Unterschiede sind anfangs kaum hörbar. Es empfiehlt sich, die Dialoge und Ausspracheübungen häufig zu wiederholen, um diese Besonderheiten zu trainieren. Leider gibt es nur wenige klar definierte Ausspracheregeln.

Vokale (Selbstlaute)

Die folgende Liste umfasst nur die wichtigsten Vokalunterschiede und die Aussprachehinweise gelten grundsätzlich nur als Faustregeln:

a langes a, ungefähr wie ä in K**ä**se: tale, have, ja
a kurzes a, vor und nach *r*, sowie vor *k*, *m* und *ng* wie a in H**a**ns: tak, har, Randers
e langes e, fast immer wie ee: se, det, sent
e kurzes e, meist wie e in B**e**tt: fem, heller, den, hen
i langes i, fast immer wie ie in M**ie**f: spise, vi, ti
i kurzes i, oft vor Doppelkonsonanten; vor *n*, *m*, *k* wie kurzes e in *se*: ikke, til, lidt
o langes o, immer wie o in **O**fen: Bo, to, god
o kurzes o, fast immer wie o in h**o**ffen: godt, slot, kommer
o vor r noch offener: hvor, bror
u langes u, immer wie u in **U**fer: du, uge, nu
u kurzes u, vor *n* und *m* und oft vor *f*, *g* und *k* wie u in **u**nter: nul, nummer, smuk
y langes y, wie ü in **ü**ber: ryge, tyve
y kurzes y, vor Doppelkonsonanten wie ö in **Ö**konomie: stykke, sytten
y nach r ungefähr wie ö in K**ö**pfe: bryst, ryg
æ wie ä in **ä**hnlich oder B**e**tt (vgl. kurzes e): læse, æble, bælte
ø langes ø, wie ö in L**ö**we: købe, sø
ø kurzes ø, vor m und manchmal vor n wie ö in K**ö**pfe (vgl. y nach r): søn, svømme
ø vor r immer wie ö in n**ö**rdlich: gør, lørdag
å langes å, immer wie o zwischen **O**fen und h**o**ffen: må, på, måde
å kurzes å, fast immer wie o in h**o**ffen (vgl. kurzes o): hånd, så (dann)
å vor r immer wie går: står

Konsonanten (Mitlaute)

Die Konsonanten b, f, h, j, k, l, m, n, ng, p und t wie im Deutschen, Ausnahmen:

- h ist in hj und hv stumm: hjemme, hvad
- f wird in der Vorsilbe af- wie au gesprochen: afgang, afgå
- die Doppelkonsonanten kk, pp und tt werden weicher gesprochen als im Deutschen

d am Wort- und Silbenanfang wie im Deutschen: den
d nach l, n und r stumm: undskyld
d nach Vokalen ähnlich wie das englische th (weiches d, klingt für Deutschsprachige anfangs wie l): ledig, hedder

g am Wort- und Silbenanfang und als Doppelkonsonant wie im Deutschen: god, kigge
g nach i, e, æ, a (wie in tale), y und ø wie j **J**unge oder stumm: sige, besøg
g nach o, u, a (wie in har) und å wie u oder stumm: uge, bog
r wird nicht gerollt, im In- und Auslaut oft sehr abgeschwächt: mor, kommer, får
s stimmlos wie in Wa**ss**er: selv, Sønderborg
v am Wort- und Silbenanfang wie w in **W**asser: vi, værsgo
v stumm in lv-Verbindungen: selv, halv
v u nach Vokalen wie z.B. in A**u**to: København, navn

Stoßton

Ein Charakteristikum der dänischen Sprache ist der Stoßton (stimmloser Kehlkopfverschlusslaut), wie im Deutschen **Eu**le, **i**mmer. Silben mit Stoßton sind betont, lang und stimmhaft. Der Stoßton wird allerdings je nach Generation oder regional sehr uneinheitlich benutzt, in Teilen Süddänemarks hört man ihn überhaupt nicht.

Betonung

Die Betonung liegt fast immer auf der ersten Silbe, Ausnahme: Lehn- und Fremdwörter.

Substantive Hauptwörter

Genus (grammatisches Geschlecht)

Es gibt nur zwei Geschlechter:
1. Utrum (Gemeinsame Form für männliches und weibliches Geschlecht) ca. 75 % der Substantive
2. Neutrum (Sächliches Geschlecht) ca. 25 % der Substantive

Artikel (Geschlechtswörter)

Den Geschlechtern entsprechend gibt es zwei unbestimmte Artikel:
1. *en* für Utrum = *en*-Wörter: *en stol* (ein Stuhl)
2. *et* für Neutrum = *et*-Wörter: *et navn* (ein Name)

Die bestimmten Artikel *den*, *det* und *de* werden nur bei vorangestellten Adjektiven verwendet:
1. *den* für Utrum: *Den Lille Havfrue* (Die kleine Meerjungfrau)
2. *det* für Neutrum: *Det Kongelige Teater* (das Königliche Theater)
3. *de* für Plural: *de store slotte* (die großen Schlösser)

Unbestimmte und bestimmte Form

Singular (Einzahl): 1. unbestimmte Form: vorangestellter unbestimmter Artikel (*en*, *et*)
2. bestimmte Form: angehängter unbestimmter Artikel (*-en*, *-et*)

Singular	**unbestimmt**	**bestimmt**
Utrum (*en*):	**en** stol (ein Stuhl)	stol**en** (der Stuhl)
	en nøgle (ein Schlüssel)	nøgle**n*** (der Schlüssel)
	en havfrue (eine Meerjungfrau)	havfrue**n*** (die Meerjungfrau)
Neutrum (*et*):	**et** navn (ein Name)	navn**et** (der Name)
	et værelse (ein Zimmer)	værelse**t*** (das Zimmer)
	et slot (ein Schloss)	slot**tet**** (das Schloss)

Sonderformen:
* Enden die Substantive schon in der Grundform auf *-e*, wird nur *-n* bzw. *-t* angehängt.
** Konsonanten nach kurzem Vokal werden beim Zufügen von Endungen verdoppelt.

Plural (Mehrzahl):
Man unterscheidet nicht nach Utrum oder Neutrum.
Unbestimmte Pluralform: Grundform + Endungen *-er* oder *-e* oder ohne zusätzliche Endung
Bestimmte Pluralform: unbestimmte Pluralform + Endung *-(e)ne*
Bei wenigen unregelmäßigen Pluralformen gibt es einen Vokalwechsel.

	Singular unbestimmt	**Plural unbestimmt**	**Plural bestimmt**
-er	en avis (eine Zeitung)	to avis**er** (zwei Zeitungen)	aviser**ne** (die Zeitungen)
	en krone (eine Krone)	to krone**r** (zwei Kronen)	kroner**ne** (die Kronen)
	et stykke (ein Stück)	to stykke**r** (zwei Stücke)	stykker**ne** (die Stücke)
-e	en stol (ein Stuhl)	to stol**e** (zwei Stühle)	stole**ne** (die Stühle)
	et navn (ein Name)	to navn**e** (zwei Namen)	navne**ne** (die Namen)
ohne Endung	en øl (ein Bier)	to øl (zwei Biere)	øll**ene** (die Biere)
	et spor (ein Gleis)	to spor (zwei Gleise)	spor**ene** (die Gleise)
unregelmäßig	en mand (ein Mann)	to mænd (zwei Männer)	mænd**ene** (die Männer)
	en bror (ein Bruder)	to brødre (zwei Brüder)	brødre**ne** (die Brüder)
	et barn (ein Kind)	to børn (zwei Kinder)	børn**ene** (die Kinder)
	en datter (eine Tochter)	to døtre (zwei Töchter)	døtre**ne** (die Töchter)

Kasus (Fälle)
Genitiv (Wessenfall)
Im Laufe der Zeit sind die meisten Kasusbeugungen verschwunden. Bei den Substantiven ist lediglich der Genitiv erhalten. Wie im Deutschen wird ***-s*** angehängt: *Adams Æbler* (Adams Äpfel)

Komposita (Zusammengesetzte Substantive)

1. (-) :	en sommer	+ **et** hus	= **et** sommerhus (ein Ferienhaus)
2. (-s-):	et land	+ **et** hold	= **et** land**s**hold (eine Nationalmannschaft)
3. (-e-):	en viking	+ **et** træf	= **et** viking**e**træf (ein Wikingertreffen)

Pronomen Fürwörter

Personalpronomen (persönliche Fürwörter)
Es gibt zwei Formen: 1. Subjektform für den Nominativ, 2. Objektform für Dativ, Akkusativ und nach Präpositionen.

	Subjekt	**Objekt**
1. Singular: ich	jeg	mig
2. Singular: du/Sie	du/De	dig/Dem
3. Singular: er, sie, es		
Personen	han, hun	ham, hende
Gegenstände, Sachen	den, det	den, det
1. Plural: wir	vi	os
2. Plural: ihr/Sie	I/De	jer/Dem
3. Plural: sie	de	dem

Reflexivpronomen (rückbezügliche Fürwörter)

1. Singular:	jeg glæder **mig** (ich freue mich)
2. Singular:	du glæder **dig** (du freust dich)
	De glæder **Dem** (Sie freuen sich)
3. Singular (Personen):	han/hun glæder **sig** (er, sie, es freut sich)
(Sachen):	den/det glæder **sig** (er, sie, es freut sich)

1. Plural: vi glæder **os** (wir freuen uns)
2. Plural: I glæder **jer** (ihr freut euch)
De glæder **Dem** (Sie freuen sich)
3. Plural: de glæder **sig** (sie freuen sich)

Possessivpronomen (besitzanzeigende Fürwörter)
In der 3. Person Singular unterscheidet man zwischen reflexiv und nicht reflexiv: Bezieht sich das Pronomen auf das Subjekt desselben Satzes, stehen *sin/sit/sine*.

1. Singular:	min/mit/mine (mein/-e)
2. Singular:	din/dit/dine, Deres (dein/-e, Ihr/-e)
3. Singular (Personen):	hans/hendes (sein/-e, ihr/-e)
(Sachen):	dens/dets (sein/-e, ihr/-e)
reflexiv (Personen/Sachen):	sin/sit/sine (sein/-e, ihr/-e)
1. Plural:	vores (unser/-e)
2. Plural:	jeres, Deres (euer, eure, Ihr/-e)
3. Plural:	deres (ihr/-e)

Demonstrativpronomen (hinweisende Fürwörter)
In der Alltagssprache häufig: Personalpronomen *den/det/de + her* (hier) oder *der* (dort)
1. *en*-Wörter: *Er **den her** stol ledig?* (Ist dieser Stuhl frei?)
2. *et*-Wörter: *Tag **det her** jakkesæt!* (Nimm diesen Anzug!)
3. Plural: *Hvad synes du om **de her** sko?* (Wie findest du diese Schuhe?)

Interrogativpronomen (Fragefürwörter)
1. Substantivisch:
Personen: *hvem?* (wer?)
Gegenstände, Sachen: *hvad?* (was?)
2. Adjektivisch:
en-Wörter: mündlich: *Hvad for en by ... ?* (Welche Stadt ... ?); Schriftsprache: *hvilken?*
et-Wörter: mündlich: *Hvad for et værelse ... ?* (Welches Zimmer ... ?); Schriftsprache: *hvilket?*
Plural: mündlich: *Hvad for nogen sko ... ?* (Welche Schuhe ... ?); Schriftsprache: *hvilke?*

Relativpronomen (bezügliche Fürwörter)
1. Relativpronomen als **Subjekt** des Relativsatzes: *der* oder *som*: *Det er hende, **der/som** elskede at bade.* (Das ist die, die zu baden liebte.)
2. Relativpronomen als **Objekt** des Relativsatzes: nur *som* (kann auch ausgelassen werden): *Det er ham, **som/–** Preben altid sejlede med.* (Das ist der, mit dem Preben immer segelte.)

Adjektive Eigenschaftswörter

Adjektive stehen entweder prädikativ oder attributiv bei einem Substantiv. Es gibt drei Formen: Grundform, *t*-Form und *e*-Form. Bei unbestimmten Substantiven richtet sich die Adjektivendung nach Geschlecht und Zahl des Substantivs.
1. *en*-Wörter: Grundform
2. *et*-Wörter: *t*-Form
3. Plural: *e*-Form.

Bei der attributiven Verwendung mit bestimmten Substantiven wird unabhängig von Geschlecht und Zahl des Substantivs immer die *e*-Form verwendet.

attributiv unbestimmt	**attributiv bestimmt**	**prädikativ**
en rød kjole	den/hendes rø**de** kjole	Filmen er god.
(ein rotes Kleid)	(das/ihr rotes Kleid)	(Der Film ist gut.)
et rød**t** bælte	det/Prebens rø**de** bælte	Slottet er smuk**t**.
(ein roter Gürtel)	(der/Prebens roter Gürtel)	(Das Schloss ist schön.)
to rø**de** kjoler	de/Mettes rø**de** kjoler	Billederne er dårlig**e**.
(zwei rote Kleider)	(die/Mettes rote Kleider)	(Die Bilder sind schlecht.)

Adverbien (Umstandswörter)

Viele Adverbien werden von Adjektiven abgeleitet: Grundform + *-t*
Adjektiv: god/fin → Adverb: god**t**/fin**t**
Det smager godt. (Es schmeckt gut.)/Det går fint. (Es geht prima.)

Steigerung von Adjektiven und Adverbien

Meist: Komparativ: Grundform + *-ere*, Superlativ: Grundform + *-(e)st*.
Mehrsilbige Adjektive und Fremdwörter: Komparativ: *mere* + Grundform,
Superlativ: *mest* + Grundform.

	Grundform	**Komparativ -ere**	**Superlativ -(e)st**
lustig:	sjov	sjov**ere**	sjov**est**
schön:	smuk	smukk**ere**	smukk**est**
gemütlich:	hyggelig	hyggelig**ere**	hyggelig**st**
		mere	**mest**
interessant:	interessant	**mere** interessant	**mest** interessant
imponierend:	imponerende	**mere** imponerende	**mest** imponerende

Ausnahmen: unregelmäßige Steigerung

	Grundform	**Komparativ**	**Superlativ**
klein:	lille	mindre	mindst
gut:	god	bedre	bedst
schlecht:	dårlig	værre	værst
alt:	gammel	ældre	ældst
lang:	lang	længere	længst
viele:	mange	flere	flest
viel:	meget	mere	mest
wenige:	få	færre	færrest
wenig:	lidt	mindre	mindst
gern:	gerne	hellere	helst

Verben Tätigkeitswörter

	Stamm (=Imperativ)	Infinitiv (Stamm+-*e*)	Präsens (Infinitiv+-*r*)	Präteritum (Stamm+-*ede*/-*te*)	Perfekt (*har*/*er*+Stamm+-*et*/-*t*)
Regelmäßige Verben I					
arbeiten:	arbejd	arbejd**e**	arbejde**r**	arbejd**ede**	**har** arbejd**et**
machen:	lav	lav**e**	lave**r**	lav**ede**	**har** lav**et**
Regelmäßige Verben II					
essen:	spis	spis**e**	spise**r**	spis**te**	**har** spis**t**
zeigen:	vis	vis**e**	vise**r**	vis**te**	**har** vis**t**
Unregelmäßige Formen (siehe auch Seite 155 f.)					
sein:	vær	være	er	var	**har** været
haben:	hav	have	har	havde	**har** haft
kommen:	kom	komme	kommer	kom	**er** kommet
gehen:	gå	gå*	går	gik	**har/er** gået

* Meist: Infinitiv = Wortstamm + -*e*.
Ausnahmen (einige einsilbige Wörter, die auf einen Vokal enden): Infinitiv = Wortstamm: *se* (sehen), *gå* (gehen), *stå* (stehen), *bo* (wohnen), *få* (bekommen)

Präsens (Gegenwart)
Präsens: Infinitiv + -*r*. Im Gegensatz zum Deutschen gibt es keine zusätzlichen Personalendungen.
Singular: *jeg hedde**r*** (ich heiße), *du/De hedde**r*** (du heißt/Sie heißen), *han/hun hedde**r*** (er, sie, es heißt)
Plural: *vi hedde**r*** (wir heißen)**,** *I/De hedde**r*** (ihr heißt/Sie heißen), *de hedde**r*** (sie heißen)

Futur (Zukunft)
Es gibt drei Möglichkeiten Zukunft auszudrücken:
1. Präsens: *I morgen går jeg i biografen.* (Morgen gehe ich ins Kino.)
2. *skal* (Pläne und Verabredungen): *I morgen skal jeg i biografen.* (Morgen werde ich ins Kino gehen.)
3. *vil* (Wünsche und Absichten): *I morgen vil jeg i biografen.* (Morgen will ich ins Kino gehen.)

Präteritum (Vergangenheit)
Es gibt drei Gruppen: Regelmäßige Verben + -*ede (arbejd**ede*** = arbeitete ...), regelmäßige Verben + -*te* sowie unregelmäßige Verben: ***så*** (sah), *spis**te*** (aß). Auch beim Präteritum gibt es keine Personalformen.
Gebrauch: Bestimmter Zeitpunkt/Zeitraum in der Vergangenheit, der abgeschlossen ist.
I torsdags arbejdede jeg over. (Letzten Donnerstag machte ich Überstunden.)

Perfekt (Vollendete Gegenwart)
Bildung: Hilfsverben *har* bzw. *er* + Partizip Perfekt. Die Verben der ersten regelmäßigen Gruppe haben die Partizipendung -*et* und die der zweiten regelmäßigen Gruppe die Endung -*t*: ***har** arbejd**et*** (habe gearbeitet ...), ***har** spis**t*** (habe gegessen ...), ***har set*** (habe gesehen ...) (Übersicht der wichtigsten unregelmäßigen Verben s. S. 155 f.)
Gebrauch: Zeitpunkt der Handlung ist nicht definiert, die Handlung dauert bis in die Gegenwart an oder die Handlung ist zwar abgeschlossen, hat aber Bedeutung für die Gegenwart. *Har du nogensinde set en dansk film i biografen?* (Hast du jemals einen dänischen Film im Kino gesehen?)

Imperativ (Befehlsform)
Imperativ = Wortstamm (ohne Zufügung von Endungen): *Hav det godt!* (Machs gut!), *Se her!* (Sieh hier!)

Konjunktiv (Möglichkeitsform)
Es gibt keine besondere Konjunktivform, stattdessen wird das Präteritum – häufig von Modalverben – verwendet: *Det **ville** være godt, hvis du **kunne** komme.* (Es wollte gut sein, wenn du konntest kommen. = Es wäre gut, wenn du kommen könntest.)

Modalverben
Bei Modalverben (können, müssen, sollen, dürfen, wollen, möchten) steht das Vollverb immer im Infinitiv. Die Verwendung der Modalverben weicht teilweise vom Deutschen ab.

kunne:	Fähigkeit: Kan du tale dansk?
	Möglichkeit: Vi kan tage metroen.
	Wünsche (realistische + unrealistische): Jeg kunne godt tænke mig en rød kjole.
måtte:	Bitte um Erlaubnis: Må jeg bede om vinen?
	Erlaubnis: Ja, det må du gerne.
	Verbot: Du må ikke ryge her.
	Empfehlung: Du må hellere gå i seng.
	Notwendigkeit: Jeg må gå nu.
skulle:	Vorschlag: Skal vi gå derhen?
	Zukunft/Plan: Jeg skal til koncert i morgen.
	Versprechen: Det skal jeg nok.
	Empfehlung: Du skulle tage den sorte kjole.
	Befehl/Vorschrift: Du skal blive i sengen et par dage.
ville:	Wunsch/Absicht: I morgen vil jeg til koncert.
	Wunsch: Jeg vil gerne have en kop kaffe.
	Bitte: Vil du (ikke) godt give mig opskriften?
	Empfehlung: Jeg ville tage de sorte sko.
	Prognose: De siger, der vil komme regn i morgen.

Unregelmäßige Verben

	Infinitiv	**Präsens**	**Präteritum**	**Perfekt**
bitten:	bede	beder	bad	har bedt
werden, bleiben:	blive	bliver	blev	er blevet
trinken:	drikke	drikker	drak	har drukket
finden:	finde	finder	fandt	har fundet
verstehen:	forstå	forstår	forstod	har forstået
bekommen:	få	får	fik	har fået
geben:	give	giver	gav	har givet
tun, machen:	gøre	gør	gjorde	har gjort
gehen:	gå	går	gik	har/er gået
haben:	have	har	havde	har haft
heißen:	hedde	hedder	hed	har heddet
helfen:	hjælpe	hjælper	hjalp	har hjulpet
kommen:	komme	kommer	kom	er kommet
können:	kunne	kan	kunne	har kunnet
klingen:	lyde	lyder	lød	har lydt

laufen:	løbe	løber	løb	har/er løbet
dürfen, müssen:	måtte	må	måtte	har måttet
rauchen:	ryge	ryger	røg	har røget
sehen:	se	ser	så	har set
sitzen:	sidde	sidder	sad	har siddet
sagen:	sige	siger	sagde	har sagt
sollen, müssen, werden:	skulle	skal	skulle	har skullet
schlafen:	sove	sover	sov	har sovet
fragen:	spørge	spørger	spurgte	har spurgt
stehen:	stå	står	stod	har stået
meinen, finden:	synes	synes	syntes	har syntes
singen:	synge	synger	sang	har sunget
setzen:	sætte	sætter	satte	har sat
nehmen, fahren:	tage	tager	tog	har/er taget
wissen:	vide	ved	vidste	har vidst
wollen:	ville	vil	ville	har villet
sein:	være	er	var	har været

Adverbiale Zeitangaben Umstandsbestimmungen der Zeit

Generell

om + bestimmte Form der Substantive: om morgenen (morgens), om eftermiddagen (nachmittags), om aftenen (abends)
om mandagen (montags), om tirsdagen (dienstags)
aber: i weekenden (am Wochenende)

Zukunft

***i* + Zeitangabe:** i eftermiddag (heute Nachmittag)/i aften (heute Abend)/i morgen (morgen)/ i morgen formiddag (morgen Vormittag)/i overmorgen (übermorgen)/i næste uge (nächste Woche)
***på* + Wochentag:** på mandag (nächsten Montag)/på tirsdag (nächsten Dienstag); aber: i weekenden (nächstes Wochenende)
Wochentag + Zeitangabe: tirsdag aften (Dienstag Abend)/mandag formiddag (Montag Vormittag)
***om* + Zeitangabe:** om tre år (in drei Jahren)/om få minutter (in wenigen Minuten)

Vergangenheit

i* + Zeitangabe + *-s: i forgårs (vorgestern)/i eftermiddags (heute Nachmittag)/i aftes (heute Abend)/i går morges (gestern Morgen)
***i* + Zeitangabe:** i går (gestern)/i nat (letzte Nacht)
i* + Wochentag + *-s: i mandags (letzten Montag)/i tirsdags (letzten Dienstag); aber: i weekenden (letztes Wochenende)
for* + Zeitangabe + *siden: for to år siden (vor zwei Jahren)/for en uge siden (vor einer Woche)

Zeitraum

***i* + Zeitraum:** i tyve minutter ((für) 20 Minuten)/i tre uger ((für) drei Wochen/i to år ((für) zwei Jahre)

Numeralia Zahlwörter

Kardinalzahlen

0: nul	10: ti	20: tyve
1: en/et	11: elleve	21: enogtyve
2: to	12: tolv	22: toogtyve
3: tre	13: tretten	23: treogtyve
4: fire	14: fjorten	24: fireogtyve
5: fem	15: femten	25: femogtyve
6: seks	16: seksten	26: seksogtyve
7: syv	17: sytten	27: syvogtyve
8: otte	18: atten	28: otteogtyve
9: ni	19: nitten	29: niogtyve

10: ti	100: (et) hundrede	1000: (et) tusind
20: tyve	200: to hundrede	2000: to tusind
30: tredive	300: tre hundrede	3000: tre tusind
40: fyrre	400: fire hundrede	4000: fire tusind
50: halvtreds	500: fem hundrede	5000: fem tusind
60: tres	600: seks hundrede	6000: seks tusind
70: halvfjerds	700: syv hundrede	7000: syv tusind
80: firs	800: otte hundrede	8000: otte tusind
90: halvfems	900: ni hundrede	9000: ni tusind

Ordnungszahlen

1.: første	11.: ellevte	21.: enogtyvende
2.: anden	12.: tolvte	22.: toogtyvende
3.: tredje	13.: trettende	23.: treogtyvende
4.: fjerde	14.: fjortende	24.: fireogtyvende
5.: femte	15.: femtende	25.: femogtyvende
6.: sjette	16.: sekstende	26.: seksogtyvende
7.: syvende	17.: syttende	....
8.: ottende	18.: attende	29.: niogtyvende
9.: niende	19.: nittende	30.: tredivte
10.: tiende	20.: tyvende	31.: enogtredivte

Wochentage

mandag (Montag), *tirsdag* (Dienstag), *onsdag* (Mittwoch), *torsdag* (Donnerstag), *fredag* (Freitag), *lørdag* (Samstag), *søndag* (Sonntag)

Monate

januar (Januar), *februar* (Februar), *marts* (März), *april* (April), *maj* (Mai), *juni* (Juni), *juli* (Juli), *august* (August), *september* (September), *oktober* (Oktober), *november* (November), *december* (Dezember)

Konjunktionen Bindewörter

Einleitung eines Hauptsatzes: *derfor* (deshalb), *eller* (oder), *men* (aber), *og* (und): *Jeg er meget ked af det,* ***men*** *jeg kunne ikke finde vej.* (Es tut mir sehr leid, **aber** ich konnte den Weg nicht finden.)

Einleitung eines Nebensatzes: *at* (dass), *fordi* (weil), *hvis* (falls, wenn), *når* (wenn), *om* (ob), *selv om* (obwohl): *Jeg kan ikke lide dogmefilm,* ***fordi*** *billederne tit er for dårlige.* (Ich mag keine Dogmafilme, **weil** die Bilder oft zu schlecht sind.)

Syntax Satzbau

Im Dänischen sind die meisten Kasusbeugungen verschwunden. So kann man z. B. nicht erkennen, ob ein Substantiv im Nominativ, Akkusativ oder Dativ steht. Um trotzdem entscheiden zu können, ob es sich bei Substantiven um Subjekt oder Objekt handelt, gibt es eine feste Reihenfolge der Satzglieder in Haupt- und Nebensätzen.

Erläuterung der Felder im Haupt- und Nebensatzschema:

(1) **Position 1:** Meist Subjekt, ansonsten Satzglieder, die hervorgehoben werden sollen, dann rückt das Subjekt auf Position **s** (vgl. Inversion).

(v) **Position v:** gebeugte Form des Verbs, z. B. im Präsens oder im Präteritum. Bei zusammengesetzten Verben das Hilfs- oder Modalverb (z. B. Perfekt: **hat** ... gesagt, oder bei Modalverben: **kann, muss, soll, will, möchte** ... sagen).

(s) **Position s:** Subjekt, wenn nicht auf Position 1

(a) **Position a:** Satzadverbien (Liste wichtiger Satzadverbien s. u. im Anschluss an das Hauptsatzschema.)

(V) **Position V:** Verben im Infinitiv oder Partizip Perfekt (vgl. Position v: z. B. Perfekt: hat ... **gesagt**, oder bei Modalverben: kann/muss/soll/will//möchte ... **sagen).**

(S) **Position S:** indirekte und/oder direkte Objekte

(A) **Position A:** adverbiale Bestimmungen des Ortes und/oder der Zeit.

(k) **Position k:** Nur im Nebensatzschema: Position der Nebensatzkonjunktionen.

Hauptsatzschema

Aussagen						
1	**v**	**s**	**a**	**V**	**S**	**A**
Hun Sie	hedder heißt				Lone. Lone.	
Hun Sie	læser liest		tit oft		ein bog ein Buch	om aftenen. abends.
Sandra Sandra	har ist		aldrig nie	været gewesen		i København. in Kopenhagen.
Lene Lene	kan kann		godt gut	lide leiden	at gå zu gehen	på café i weekenden. ins Café am Wochenende.
W-Fragen						
1	**v**	**s**	**a**	**V**	**S**	**A**
Hvad Wie	hedder heißt	du? du?				
Hvad Was	skal möchtest	du du		have? haben?		

Ja-/Nein-Fragen						
1	v	s	a	V	S	A
	Skal Sollen	vi wir	ikke nicht	tage fahren		til Ribe i weekenden? nach Ribe am Wochenende?
	Kan Kannst	du du	godt gut	lide leiden	at synge? zu singen?	
Inversion						
1	v	s	a	V	S	A
Så Dann	tager nehme	jeg ich	også auch		en øl. ein Bier.	
Så Dann	kan kann	jeg ich		kigge anschauen	på slottet. das Schloss.	
I weekenden Am Wochenende	skal werden	de sie	ikke nicht	tage fahren		til Ribe. nach Ribe.

Wichtige Satzadverbien (Position a)
aldrig (nie), *altid* (immer), *ikke* (nicht), *heller ikke* (auch nicht), *næsten aldrig* (fast nie), *næsten altid* (fast immer), *også* (auch), *tit* (oft)

Nebensatzschema

k	s	a	v	V	S	A
…, fordi …, weil	billederne die Bilder	tit oft	er sind		for dårlige. zu schlecht.	
…, fordi …, weil	hun sie	ikke nicht	kan kann	lide leiden	at læse zu lesen	om aftenen. abends.
…, når …, wenn	jeg ich		vil will	slappe af. entspannen.		
…, at …, dass	han er	ikke nicht	kommer kommt			i aften. heute Abend.
…, om …, ob	du du	ikke nicht	kunne könntest	ringe anrufen	til ham ihn	i eftermiddag heute Nachmittag.

W Wörter A-Å

Bei den Substantiven gibt die erste Endung den Artikel, die zweite die unbestimmte Pluralendung an (nøgle, -n, -r). Bei den Infinitiven der Verben gibt die erste Endung die Präteritums- und die zweite die Perfektendung an. Eine Übersicht über die unregelmäßigen Verben finden Sie außerdem in der Grammatikübersicht. Feste Präpositionsverbindungen sind ebenfalls aufgeführt (koncert, til koncert). Die Sonderzeichen æ, ø, und å finden Sie am Ende des Alphabets.

actionfilm/-en/- Actionfilm 81
Adams Æbler Adams Äpfel 72
advokat/-en/-er Anwalt 130
af aus 127
af sted los, fort, weg 131
afgang/-en/-e Abfahrt 60
afgå, afgik, afgået abfahren 61
aften/-en/-er Abend 37
agurk/-en/-er Gurke 112
aldrig nie 73
allerede schon 79
alligevel trotzdem 79
alt alles, das Ganze 63
altid immer 81
Amalienborg Slot Schloss Amalienburg 21
amerikansk/-/-e amerikanisch 119
anden zweite/-ns 47
ankomst/-en/-er Ankunft 60
ansøgning/-en/-er Bewerbung 130
apotek/-et/-er Apotheke 101
appelsin/-en/-er Apfelsine 112
appelsinjuice/-n/-r Orangensaft 26
april/-en April 115
arbejde over/-ede/-et Überstunden machen 69
arbejde/-ede/-et arbeiten 75
arbejde/-t/-r Arbeit 69
arm/-en/-e Arm 98
at dass 131
at (mit Infinitiv) zu (mit Infinitiv) 15
atten achtzehn 23
august/-en August 115
avis/-en/-er Zeitung 35
bacon/-en Bacon 27
bade/-ede/-et baden 115
badminton/-en Badminton 40
bager/-en/-e Bäcker 113
banegård/-en/-e Bahnhof 60
bare wenn ... nur (Hoffnungen) 41, nur, bloß 99
barn/-et, børn Kind 92, 95
bede om, bad, bedt bitten um 55
bedre besser 89
bedstefar/-en, bedstefædre Großvater 92
bedstemor/-en, bedstemødre Großmutter 92
begynde/-te/-t anfangen 121
ben/-et/- Bein 98
besøg/-et/- Besuch 113
betale/-te/-t bezahlen 29
billede/-t/-r Bild 81
billet/-ten/-ter Fahrkarte 61
bl.a. (blandt andet) unter anderem 61
blev jeg wurde ich 69
blive gift, blev, blevet heiraten 95
blive, blev, blevet werden, bleiben 69
bluse/-n/-r Bluse 86
blå/-t/- blau 86
bo/-ede/-et wohnen 21
bog/-en, bøger Buch 119
bordtennis/-en Tischtennis 40
brokvarter/-et/-er Brückenviertel 51
bror/-en, brødre Bruder 92, 93
bruge/-te/-t verwenden, gebrauchen; brauchen 87
brun/-t/-e braun 86
brune kartofler süße Kartoffeln 52, 55
bryst/-et/-er Brust 98
brød/-et/- Brot 112
burger/-en/-e Hamburger 31
bus/-sen/-ser Bus 23
by/-en/-er Stadt 125
bælte/-t/-r Gürtel 87
børnehave/-n/-r Kindergarten 71
børnehaveklasse/-n/-r Vorschule 71
ca. (cirka) zirka 61
cappuccino/-en/-er Cappuccino 26
cirka zirka 61
cola/-en/-er Cola 26
curriculum vitæ/-en/-er Lebenslauf 130
cykle/-ede/-et Rad fahren 40
Danmark Dänemark 67
Danmark spillede Dänemark spielte 67
Dannebrog dänische Flagge 45
danse/-ede/-et tanzen 40
Dansk Folkeparti Dänische Volkspartei 123
dansk mindretal dänische Minderheit 117
dansk/-/-e Dänisch 11
danskvand/-en/- Mineralwasser 26
datter/-en, døtre Tochter 92, 95
dav Tag, hallo 14
De Sie 9
de sie (Plural) 11, 37
debat/-ten/-ter Diskussion, Debatte 119
december/-en Dezember 115
dejlig/-t/-e schön 15
Dem Ihnen, Sie 15
dem ihnen, sie 15
den er, sie, es (Dinge) 9
den her diese/-r/-s 9
Den Lille Havfrue die kleine Meerjungfrau 21
dens sein/-e, ihr/-e 93
der der, die, das; welche/-r/-s 115
der dort 21
deres ihr/-e 93
derfor darum, deshalb 81
derhen dahin 27
derovre dort drüben 93
desværre leider 115
det das; er, sie, es (Dinge) 9
det bliver das macht 29
det blæser es ist windig 104
Det Centrale Personregister das zentrale Personenregister 135
det har været es ist gewesen 63
det hele alles, das Ganze 29
Det Kongelige Teater das Königliche Theater 21
Det Konservative Folkeparti Die Konservative Volkspartei 123
Det Radikale Venstre Die Sozialliberalen 123
det regner es regnet 104
det samme das Gleiche 81
Det skal jeg nok Das werde ich machen 63
det sner es schneit 104

det stormer es stürmt 104
det tordner es donnert 104
Det var en skam! Schade!, Es ist schade! 69
Det var så lidt Keine Ursache 61
dets sein/-e, ihr/-e 93
dig dir, dich 11, 37
din dein/-e 37
dine deine 93, 95
dit dein/-e 93
dogmefilm/-en/- Dogmafilm 81
dokumentarfilm/-en/- Dokumentarfilm 119
dommer/-en/-e Schiedsrichter 45
drikke, drak, drukket trinken 99
dronning/-en/-er Königin 21
du du 11
dyr/-et/- Tier 119
dyr/-t/-e teuer 89
dyrke/-ede/-et treiben, betreiben 43
dårlig/-t/-e schlecht 81
effekt/-en/-er Effekt 81
efter nach 133
egentlig eigentlich 75
eller oder 29
ellers sonst 89
elleve elf 23
ellevte elfte/-ns 47
elske/-ede/-et lieben 113
en kop kakao eine Tasse Kakao 26
en kop te eine Tasse Tee 26
en lille en ein Kleiner (ugs. Schnaps) 57
en, et eins 17
end als 89
endnu noch 79
England England 75
Enhedslisten Die Einheitsliste 123
enkeltbillet/-ten/-ter einfache Fahrkarte 61
enkeltværelse/-t/-r Einzelzimmer 17
enogtredivte einunddreißigste 47
er (være, var, været) ist 9
er der gibt es 23
espresso/-en/-er Espresso 26
et glas vin ein Glas Wein 26
et par bukser ein Paar Hosen 86
et par sko ein Paar Schuhe 86
et par støvler ein Paar Stiefel 86
et stykke chokoladekage ein Stück Schokoladenkuchen 31
f.eks. (for eksempel) zum Beispiel 61
fadøl/-len/- Fassbier 26
familie/-n/-r Familie 92
fantastisk/-/-e phantastisch 67
far/-en, fædre Vater 92
farfar/-en, farfædre Großvater väterlicherseits 92
farmor/-en, farmødre Großmutter väterlicherseits 92
farve/-n/-r Farbe 86
farvel Auf Wiedersehen 14, 61
feber/-en Fieber 101
februar/-en Februar 115
fem fünf 17
femte fünfte/-ns 47
femten fünfzehn 23
ferie/-n/-r Urlaub 69
film/-en/- Film 73
fin/-t/-e prima 15
finde, fandt, fundet finden 53
finger/-en, fingre Finger 98
fire vier 17
firs achtzig 29
fjerde vierte/-ns 47
fjernsyn/-et/- Fernseher 121
fjorten vierzehn 23
flot/-/-te schick, toll 89
fly/-et/- Flugzeug 60
flytte/-ede/-et umziehen 95
flæskesteg/-en/-e Schweinebraten 55
fod/-en, fødder Fuß 98
fodbold/-en Fußball 40, 41
fodboldsang/-en/-e Fußballlied 45
folkeskole/-n/-r Grundschule 71
Folketing das dänische Parlament 123
for für 53
for ... siden vor (zeitl.) 125
for lidt zu wenig 99
for sent zu spät 53
forbi vorbei 47
fordi weil 81
forresten übrigens 63
forstå, forstod, forstået verstehen 79
forældre Eltern 93
fra von, aus 61
frakke/-n/-r Mantel 86
fredag/-en/-e Freitag 37
fritidshjem/-met/- Hort, Freizeitheim 71
frugt/-en/-er Frucht 112
fyrre vierzig 29
færdig/-t/-e fertig 69
færge/-n/-r Fähre 60
fætter/-en, fætre Vetter 92, 93
første erste/-ns 47
få wenige 121
få fat i erreichen 131
få, fik, fået bekommen 69
gade/-n/-r Straße 49
gammel/-t, gamle alt 95
gang/-en/-e Mal 43
gave/-n/-r Geschenk 41
genkende/-te/-t wiedererkennen 93
gennem durch 49
gerne gern 29
gift verheiratet 95
give, gav, givet geben 55, schenken 127
gjorde vi taten/machten wir 67
glæde sig til/-ede/-et sich freuen auf 37
god aften Guten Abend 14
god morgen Guten Morgen 14
god/-t/-e gut 11
goddag Guten Tag 14, 17
godt bitte 55
golf/-en Golf 40
grine/-ede/-et lachen 115
grøn/-t/-ne grün 86
grøntsag/-en/-er Gemüse 112
grå/-t/- grau 86
gul/-t/-e gelb 86
guldaldermaler/-en/-e Maler des goldenen Zeitalters 35
guldøl Goldbier 57
gulerod/-en, gulerødder Möhre 112
gymnasium/-siet/-sier Gymnasium 71
gøre, gjorde, gjort machen, tun 41
gå en tur spazieren gehen 113
gå, gik, gået gehen 15, laufen 73
hals/-en/-e Hals 98, 99
halstablet/-ten/-ter Halsschmerztablette 101
halv halb 121
halvfems neunzig 29
halvfjerds siebzig 29
halvtreds fünfzig 29
ham ihm, ihn 15, 115
han er (Personen) 11
hans sein/-e 93
har du set hast du gesehen 73
Hav det godt! Mach's gut! 53, 63
havde du hattest du 69
have ondt Schmerzen haben, wehtun 99
have, havde, haft haben 17
have/-n/-r Garten 47
havfrue/-n/-r Meerjungfrau 21
hedde, hed, heddet heißen 11
hej hallo (auch tschüss) 14, 15
hej-hej tschüss 14, 63
hel/-t/-e ganz 105
Held og lykke! Viel Glück! 133

heller ikke auch nicht 41
hellere lieber 27
helst am liebsten 107
hen hin (dynamisch) 49
hen ad entlang 49
hende sie, ihr 15, 63
hendes ihr/-e 93, 95
henne hin (statisch) 49
hente/-ede/-et holen 35
her hier 17
hilse på begrüßen 93
hilse/-te/-t grüßen 63
historisk/-/-e historisch 125
hjemme zu Hause 105
hjerte/-t/-r Herz 98
hjælpe, hjalp, hjulpet helfen 101
honning/-en Honig 112
hos bei 67
hotdog/-gen/-s Hotdog 31
hoved/-et/-er Kopf 98, 99
hovedbanegård/-en/-e Hauptbahnhof 60
hun sie (Sg.) 11
hundrede hundert 29
hundrede og fjorten hundertundvierzehn 29
huske/-ede/-et erinnern 75
hvad was 11, welche 87
Hvad er der i vejen? Was ist los? 99
Hvad er klokken? Wie spät ist es? 121
Hvad med ...? Wie wäre es mit ...? 27
Hvad med dig? Und du? 11
Hvad skal det være? Was darf es sein? 29
hvad slags welche Art 81
hvedeøl Weizenbier 57
hvem wer 93
hver for sig getrennt, jeder für sich 29
hvid/-t/-e weiß 86
hvilke/-n/-t welche/-s 125
hvis wenn, falls 107
hvor wo, wie 15
hvor længe wie lange 75
hvor tit wie oft 43
hvordan wie 15
Hvordan er vejret? Wie ist das Wetter? 104
Hvordan har du det? Wie geht's? 15
hvorfor warum 37
hvornår wann 37
hygge sig/-ede/-et es sich gemütlich machen 107
hyggelig/-t/-e gemütlich, nett 63
hyggeligere gemütlicher 119
højre rechts 47
højskole/-n/-r Heimvolkshochschule 71
høre/-te/-t hören 107
håbe/-ede/-et hoffen 41
hånd/-en, hænder Hand 49
håndbold/-en Handball 40, 43
håndværker/-en/-e Handwerker 130
I ihr 9
i in 37, seit, für 75, vor 121
i aften heute Abend 35
i biografen im Kino, ins Kino 73
i dag heute 35, 101
i eftermiddag heute Nachmittag (Zukunft) 35, 69
i forgårs vorgestern 69
i går gestern 69
i lige måde gleichfalls 63
i mandags letzten Montag 69
i morgen morgen 35
i morges heute Morgen 69
i nat letzte Nacht 69
i onsdags letzten Mittwoch 69
i orden in Ordnung 53
i overmorgen übermorgen 75
i teatret ins/im Theater 35
i torsdags letzten Donnerstag 69
idé/-en/-er Idee 73
igen wieder 15
ikke nicht, kein 35
ikke nogen niemand, kein/-e/-er 113
ikke noget nichts, kein/-e/-er 41, 113
imponerende imponierend 43
indenfor herein 53
ingeniør/-en/-er Ingenieur 130
interessant/-/-e interessant 119
invitation/-en/-er Einladung 53
ja ja 9
ja tak ja bitte 29
jakke/-n/-r Jacke 86
jakkesæt/-tet/- Anzug 86
januar/-en Januar 115
jazz/-en Jazz 37
jeg ich 11
jeg er forkølet ich bin erkältet 98
jeg er syg ich bin krank 98
jeg har diarré ich habe Durchfall 98
jeg har feber ich habe Fieber 98
jeg har influenza ich habe eine Grippe 98
jeg har reserveret ich habe reserviert 17
jeg har tømmermænd ich habe einen Kater 98
jeg skal have ich möchte/nehme 27
jeg ville ønske ich wünschte 133
jer euch 15, 37
jeres euer, eure 93
jo doch 35
jobsamtale/-n/-r Vorstellungsgespräch 130, 133
jordbær/-ret/- Erdbeere 112
julebryg Weihnachtsbier 57
juli/-en Juli 115
juni/-en Juni 115
kaffe/-n Kaffee 27
kage/-n/-r Kuchen 27
kamp/-en/-e Kampf, Spiel 43
kan jeg lide mag ich, habe/mache ich gern 41
kan vi können wir 23
kedelig/-t/-e langweilig 81
kigge på/-ede/-et anschauen 23
kigge/-ede/-et schauen 35
kjole/-n/-r Kleid 86, 87
kl. (klokken) um ... (Uhr) 61
klaphat/-ten/-te Klapphut 40, 41
klare/-ede/-et schaffen 133
klokken otte um acht (Uhr) 37
klæde/-te/-t kleiden, stehen 89
kold/-t/-e kalt 104, 121
kolde drikke kalte Getränke 26
komme an på ankommen auf 105
komme, kom, kommet kommen 47
kone/-n/-r Ehefrau 93
Kongens Have Königlicher Garten 47
kontorassistent/-en/-er Büroangestellte/-r 130
kop/-pen/-per Tasse 27
kr. (kroner) Kronen (Währung) 61
krone/-n/-r Krone (Währung) 29
krop/-pen/-pe Körper 98
kryds/-et/- Kreuzung 49
krydse fingre/-ede/-et Daumen drücken 133
kulturkalender/-en/-e Veranstaltungsprogramm 35
kun nur 79
kunne du konntest du 69
kunne tænke mig hätte gern, möchte 87
kunne, kunne, kunnet können 23
kusine/-n/-r Cousine 92
kvart i Viertel vor 121
kvart over Viertel nach 121
kæreste/-n/-r Freund/-in 93
købe/-te/-t kaufen 127
København Kopenhagen 8
lagerøl Lagerbier 57

landshold/-et/- Nationalmannschaft 67
lang/-t/-e lang 89
lave/-ede/-et machen 79
ledig/-t/-e frei 9
let øl Leichtbier 57
leverpostej/-en/-er Leberpastete 27
lidt etwas 23
lige genau 125, eben, gerade 131
lige nu im Augenblick, gerade, jetzt 125
lige så ... som genauso ... wie 121
lige ud geradeaus 47
lille/-, små klein 21
luksusøl Luxusbier 57
lunge/-n/-r Lunge 98
lyde, lød, lydet klingen 27
lys øl helles Bier 57
læge/-n/-r Arzt 101
lægevagt/-en/-er Notarzt 103
længe lange 67
længe siden lange her 67
lærer/-en/-e Lehrer/-in 130
læse/-te/-t lesen 119
løbe, løb, løbet laufen 40, 43
lørdag/-en/-e Samstag 37
mad/-en Essen 55
maj/-en Mai 115
man man 115
mand/-en, mænd Ehemann, Mann 95
mandag/-en/-e Montag 37
mange viele 113
mangle/-ede/-et fehlen 87
marked/-et/-er Markt 125
marmelade/-n Marmelade 112
marts/-en März 115
mave/-n/-r Magen 98
med mit 11
meget sehr, viel 53
men aber 53
menneske/-t/-r Mensch 113
mere interessant interessanter 119
mest interessant am interessantesten 125
metro/-en/-er Metro 23
mig mir, mich 15, 37, 47
min mein/-e 37
mine meine 93
minut/-tet/-ter Minute 121
mit mein 17
mobil/-en/-er Handy 131
mor/-en, mødre Mutter 92
morfar/-en, morfædre Großvater mütterlicherseits 92
morgen/-en/-er Morgen 43
morgenmad/-en Frühstück 112
mormor/-en, mormødre Großmutter mütterlicherseits 92, 115
muhammedkrisen der Karikaturenstreit 118
mund/-en/-e Mund 98
museum, museet, musser Museum 125
mælk/-en Milch 112
møde/-te/-t treffen 113
mødes (med), mødtes (med) sich treffen (mit) 37
mødte du trafst du 67
mål/-et/- Tor 45
måske vielleicht 27
måtte, måtte, måttet durfen, müssen 55
navn/-et/-e Name 17
nederdel/-en/-e Rock 86
nej nein 23
nem/-t/-me leicht 79
nemlig nämlich 41
nervøs/-t/-e nervös, aufgeregt 133
nevø/-en/-er Neffe 92
ni neun 17
niece/-n/-r Nichte 92
niende neunte/-ns 47
nitten neunzehn 23
nittende neunzehnte/-ns 47
nogensinde jemals 73
noget etwas 115
nogle einige 87
nok sicher, wohl, schon 99
nord Nord 104
Norden die skandinavischen Länder 127
Nordjylland Nordjütland 107
Norge Norwegen 95
november/-en November 115
nr. (nummer) Nummer 61
nu jetzt 53
nul null 17
nummer, numret, numre Nummer 17
Ny Alliance Neue Allianz 123
ny/-t/-e neu 93
nyheder Nachrichten 121
næste nächste/-r 49
næsten fast 79
nøgle/-n/-r Schlüssel 17
nå na, aha 73
når wenn 105
og und 12, 21
også auch 15
ok o. k. 35
oktober/-en Oktober 115
om über 119, in 121, ob 131
om lidt gleich 49
om morgenen morgens 43
om torsdagen donnerstags 43
om vinteren im Winter 21
onsdag/-en/-e Mittwoch 37
opskrift/-en/-er Rezept 55
os uns 15, 37
ost/-en/-e Käse 112
otte acht 17
ottende achte/-ns 47
over über 49
over for gegenüber 49
overfladisk/-/-e oberflächlich 79
overskyet bedeckt 104
overstå/-stod/-stået überstehen 133
Parken das Parken (Kopenhagener Fußballstadion) 41
partier Parteien 123
pilsner Pils 57
politisk/-/-e politisch 119
porre/-n/-r Porree 112
pr. (per) pro 61
prøve/-ede/-et anprobieren 87
pæn/-t/-e hübsch, schön 89
pære/-n/-r Birne 112
på auf 49
på café ins/im Café 35
på tirsdag nächsten Dienstag 37
på universitetet an der/die Uni 75
pålægschokolade/-n Aufschnittschokolade 112
påskebryg Osterbier 57
rask/-/-e gesund 105
regne/-ede/-et regnen 107
regnvejr/-et/- Regenwetter 104
returbillet/-ten/-ter Rückfahrkarte 61
rigtig/-t/-e richtig, wirklich 35
ringe (til)/-ede/-et anrufen 101, 131
rolig/-t/-e ruhig, gelassen 133
rundstykke/-t/-r Brötchen 112, 113
rutebil/-en/-er Überlandbus 60
ryg/-gen/-ge Rücken 98
ryge, røg, røget rauchen 101
rød/-t/-e rot 86, 87
rødkål/-en/- Rotkohl 55
sammen zusammen 29
se fjernsyn, så, set fernsehen 119
se, så, set sehen 15, treffen 115
sejle/-ede/-et segeln 40, 115
seks sechs 17
seksten sechzehn 23
selv om obwohl 119
Selv tak! Nichts zu danken! 9
selvfølgelig selbstverständlich 55

senere später 131
seng/-en/-e Bett 101
september/-en September 115
sidde, sad, siddet sitzen 21
sig sich 37
sige, sagde, sagt sagen 47
sine seine, ihre 127
Sjælland Seeland 107
sjette sechste/-ns 47
sjov/-t/-e lustig 73
sjoveste lustigste 127
skadestue/-n/-r Unfallstation 103
skal vi sollen wir 23
skib/-et/-e Schiff 127
skifte/-ede/-et umsteigen 61
skinkesandwich/-en/- Schinkensandwich 31
skinne/-ede/-et scheinen 107
skjorte/-n/-r Hemd 86
skuespiller/-en/-e Schauspieler 81
skulle, skulle, skullet sollen 23, sollte, solltest ... 89, müssen 47
skyet bewölkt 104
skål Prost 57
slappe af/-ede/-et sich entspannen, ausruhen 105
slips/-et/- Krawatte 86
slot/-tet/-te Schloss 21
smage/-te/-t schmecken 55
smuk/-t/-ke schön, hübsch 21
smør/-et Butter 112
smørrebrød/-et/- Smörrebröd 27
snacks Snacks 31
Socialdemokraterne die Sozialdemokraten 123
Socialistisk Folkeparti Sozialistische Volkspartei 123
sodavand/-en/- Limonade 26
sol/-en/-e Sonne 107
solen skinner die Sonne scheint 104
solrig/-t/-e sonnig 104
solskinsvejr/-et/- Sonnenschein(wetter) 104
som der, die, das; welche/-r/-s 115, wie 125
sommerhus/-et/-e Ferienhaus 105
sort/-/-e schwarz 86, 87
sove, sov, sovet schlafen 99
spille/-ede/-et spielen 37
spise/-te/-t essen 27
spor/-et/- Gleis 60, 61
sport/-en Sport 43
spurgte han fragte er 131
spørge, spurgte, spurgt fragen 131
stadigvæk immer noch 43
s-tog/-et/- S-Bahn 60
stol/-en/-e Stuhl 9
straffespark/-et/- Strafstoß 45
strand/-en/-e Strand 113
studerende/-n/- Studierende/-r 130
stykke/-t/-r Stück 27
størrelse/-n/-r Größe 87
største größte 127
stå, stod, stået stehen 49
svensker/-en/-e Schwede 79
svigerfar/-en, svigerfædre Schwiegervater 92
svigermor/-en, svigermødre Schwiegermutter 92
svær/-t/-e schwierig 79
svømme/-ede/-et schwimmen 40
sweater/-en/-e Pullover 86
syd Süd 104
syg/-t/-e krank 99
sygeplejerske/-n/-r Krankenschwester 130
synes, syntes finden, meinen 15
synge, sang, sunget singen 41
sytten siebzehn 23
syv sieben 17
syvende siebte/-ns 47
særlig besonders 99
sætte sig, satte, sat sich setzen 95
sø/-en/-er See 47
sød/-t/-e süß, lieb, nett 93
søn/-nen/-ner Sohn 92, 95
søndag/-en/-e Sonntag 37
søskende Geschwister 95
søster/-en, søstre Schwester 37
så dann 23, so 113
så I saht ihr 67
Tag det roligt! Nur ruhig!, Abwarten! 133
tage, tog, taget nehmen 23, fahren, reisen, gehen 105
tak danke 9
Tak for i aften! Danke für den heutigen Abend! 52
Tak for i aftes! Danke für den gestrigen Abend! 97
Tak for invitationen! Danke für die Einladung! 52
Tak for kaffe! Danke für den Kaffee! 52
Tak for mad! Danke für das Essen! 52
Tak for sidst! Danke für das letzte Mal! 52
Tak fordi du ville se os! Danke, dass du uns sehen wolltest! 97
Tak skal du have! Vielen Dank! 11
tale/-te/-t sprechen 11
taxa/-en/-er Taxi 60
te/-en Tee 101
teater, teatret, teatre Theater 21, 105
tennis/-en Tennis 40
ti zehn 17
tid/-en/-er Zeit 37
tidlig/-t/-e früh 113
tiende zehnte/-ns 47
til für 41, zu, nach, bis 47
til højre nach rechts 47
til koncert ins, im Konzert 35
til middag zum Mittag-, Abendessen 67
til venstre nach links 47
tilbage zurück 131
time/-n/-r Stunde 131
tirsdag/-en/-e Dienstag 37
tit oft 43
to zwei 17
tog/-et/-e Zug 60, 61
tolv zwölf 23
tolvte zwölfte/-ns 47
tomat/-en/-er Tomate 112
tomatsalat/-en/-er Tomatensalat 28
torsdag/-en/-e Donnerstag 37
tre drei 17
tre hundrede og to dreihundertundzwei 61
tredive dreißig 29
tredivte dreißigste 47
tredje dritte/-ns 47
tres sechzig 29
tretten dreizehn 23
trettende dreizehnte/-ns 47
tro/-ede/-et glauben, vermuten 89
træ/-et Holz 127
træt/-/-te müde 23
tur/-en/-e Fahrt, Reise 63
tusind/-et/-er tausend 61, 63
tysk mindretal deutsche Minderheit 117
tysker/-en/-e Deutsche/-r 115
Tyskland Deutschland 79
tyve zwanzig 23
tænde for/-te/-t anmachen, einschalten 121
tøj/-et/-er Kleidung 86
tømmermænd Kater (nach Alkoholgenuss) 99
tømmermand/-en, tømmermænd Zimmermann 99
tåget neblig 104
ud hinaus 53, raus 105
ude draußen 53

Für Ihre Notizen